DÉPARTEMENT DE LA SEINE-INFÉRIEURE

ASILE PUBLIC D'ALIÉNÉES DE SAINT-YON

(Saint-Étienne-du-Rouvray, près Rouen)

COMPTE-RENDU

DU

SERVICE MÉDICAL

Pour les Années 1882, 1883, 1884, 1885 et 1886

par

LE DOCTEUR ED. CORTYL

Médecin en chef et Directeur de l'Établissement.

ROUEN

IMPRIMERIE LÉON DESHAYS

Rue des Carmes, 58.

—

1887

RAPPORT MÉDICAL

STATISTIQUE ET OBSERVATIONS

DÉPARTEMENT DE LA SEINE-INFÉRIEURE

ASILE PUBLIC D'ALIÉNÉES DE SAINT-YON

(Saint-Étienne-du-Rouvray, près Rouen)

COMPTE-RENDU

DU

SERVICE MÉDICAL

Pour les Années 1882, 1883, 1884, 1885 et 1886

par

Le Docteur Ed. CORTYL

Médecin en chef et Directeur de l'Établissement.

ROUEN

IMPRIMERIE LÉON DESHAYS

Rue des Carmes, 58.

—

1887

SERVICE MÉDICAL DE L'ASILE SAINT-YON

Pendant les années 1882, 1883, 1884, 1885 et 1886

RAPPORT GÉNÉRAL

STATISTIQUE ET OBSERVATIONS

MONSIEUR LE PRÉFET,

L'article 65 du règlement du service intérieur de l'Asile nous fait un devoir de vous adresser annuellement le compte-rendu du Service médical.

J'ai pensé qu'il pourrait y avoir un certain intérêt à réunir en un seul travail la statistique médicale ainsi que les observations les plus intéressantes recueillies pendant les cinq années que je viens de passer à la tête de l'important service de l'Asile des femmes de la Seine-Inférieure. Vous m'avez encouragé dans cette voie, et c'est cet exposé que j'ai l'honneur de vous soumettre aujourd'hui.

Ce travail était terminé lorsque vous m'avez appris que M. le Ministre de l'intérieur m'appelait à la direction de l'Asile de Bailleul (Nord).

Ce n'est pas sans le plus vif regret que je me vois à la veille de vous quitter, pour laisser entre les mains de l'un de mes confrères les plus distingués, notre bel établissement et mes chères malades.

Je ne saurai assez vous manifester, Monsieur le Préfet, les sentiments de reconnaissance dont je suis animé pour la haute bienveillance dont vous n'avez cessé de m'honorer pendant tout le temps que j'ai passé à l'établissement de Saint-Yon. Veuillez agréer, avec mes plus sincères remercîments, les sentiments de ma plus vive gratitude.

En me séparant de mes collaborateurs si dévoués et qui ont si largement contribué par leur zèle et leur dévouement à faciliter ma tâche, je les prie d'agréer aussi mes remercîments et l'assurance que je conserverai de tous le meilleur souvenir.

Daignez agréer, Monsieur le Préfet, l'assurance de mon respectueux dévouement.

LE MÉDECIN EN CHEF, DIRECTEUR,

Ed. CORTYL.

MOUVEMENT DE LA POPULATION

	1882	1883	1884	1885	1886	Total
L'Asile de Saint-Yon renfermait une population de :						
Au 1er janvier 1882.	1.028					
Au 1er janvier 1883.		1.030				
Au 1er janvier 1884.			1.012			
Au 1er janvier 1885.				1.032		
Au 1er janvier 1886.					1.039	
malades en traitement.						

D'où il. résulte que, sauf pour 1884, le nombre de séquestrées a suivi une progression constante représentée par quelques unités.

Admissions

Ont été admises pendant ces cinq exercices :

	1882	1883	1884	1885	1886	Total
Pour la 1re fois, dans un établissement spécial	163	137	154	143	139	736
Par suite de rechute	25	21	24	24	26	120
Par réintégration	19	19	26	21	15	100
Par transfèrement	3	5	4	2	5	19
Total des Aliénées admises et traitées	1.238	1.212	1.220	1.222	1.224	975

D'où il résulte qu'en faisant abstraction des malades existantes en fin d'exercice, il est entré dans l'établissement et pendant chacune des cinq dernières années 210 182 208 190 185 975

	1882	1883	1884	1885	1886	Total
(entré dans l'établissement)	210	182	208	190	185	975

Soit au total 975 malades, d'où une moyenne de 195 par an.

Sorties

Sont sorties pendant ces mêmes années :

	1882	1883	1884	1885	1886	Total
Par suite de guérison.	55	48	57	46	62	268
Par amélioration.	41	26	23	25	21	136
Par évasion.	»	1	1	»	»	2
Par transfèrement	2	3	5	8	3	21
Pour autres causes.	13	9	12	13	15	62
Total des aliénées sorties. . .	111	87	98	92	101	489

Soit au total 489 aliénées sorties, donnant une moyenne annuelle de 97,8.

Décès

Sont décédées pendant la période quinquennale :

	1882	1883	1884	1885	1886	Total
Par suite de maladie	97	110	89	91	111	498
Par suite d'accident	»	2	»	»	»	2
Par suite de suicide	»	1	1	»	1	3
Total des aliénées décédées. . .	97	113	90	91	112	503

Soit au total 503, donnant une moyenne annuelle de 100,6.

Il résulte donc de l'examen de l'ensemble du mouvement de la population que l'Asile, qui renfermait au 1er janvier 1882 *1,028 malades*, en a reçu, pendant les années 1882, 1883, 1884, 1885 et 1886, *975*; qu'il en est sorti ou décédé *489 + 503*, soit *992*. Si du chiffre des existantes 1,028, augmenté de celui des admissions 975, on retranche celui des sorties 489 et des décès 503, on obtient au total *1,011*, représentant l'effectif des malades en traitement au 31 décembre 1886.

En somme, la moyenne des cinq dernières années a été de :

Comme population. .	1.062	Comme sorties. . . .	97,8
Comme admissions .	195	Comme décès	100,6

ADMISSIONS

Classification des malades admises pour la première fois.

Types de l'aliénation mentale	1882	1883	1884	1885	1886	Total
Folie aiguë	21	22	17	21	24	105
Folie chronique.	12	10	12	10	10	54
Folie rémittente.	2	1	1	1	1	6
Folie hystérique	7	5	5	6	5	28
Hystéro-épilepsie.	»	1	»	»	1	2
Lypémanie simple.	15	12	10	16	14	67
Lypémanie chronique	11	6	7	7	10	44
Lypémanie avec stupeur	7	9	8	2	4	30
Lypémanie anxieuse.	9	3	15	13	10	50
Lypémanie hypocondriaque. . . .	2	2	5	3	1	13
Lypémanie suicide	4	3	3	6	4	20
Folie circulaire.	1	»	»	»	1	2
Folie des persécutions.	13	25	25	21	15	99
Démence { avec agitation. . . .	2	1	2	1	1	7
Démence { sans agitation. . . .	5	4	5	2	2	18
Folie épileptique	7	6	8	5	2	28
Folie paralytique.	8	8	10	3	9	38
Démence { sénile	12	5	8	11	8	44
Démence { organique.	9	2	3	4	4	22
Idiotie. { Faiblesse intellectuelle .	2	1	3	3	1	10
Idiotie. { Imbécilité	10	3	3	3	5	24
Idiotie. { Idiotie proprement dite.	2	4	3	3	2	14
Autres formes	2	4	1	2	5	14
TOTAL.	163	137	154	143	139	736

Du 1er janvier 1882 au 31 décembre 1886, *736 malades* frappées d'aliénation mentale sont venues réclamer, pour la première fois, les soins médicaux dans un établissement spécial, ce qui représente une moyenne de *147,2 par année.*

Nous avons toujours apporté le plus grand soin à déterminer de la manière la plus précise le diagnostic au moment de l'entrée.

L'examen du tableau qui précède nous permet d'apprécier combien est notable le contingent des formes chroniques toutes fatalement incurables.

Les maniaques sont loin d'être toutes susceptibles de guérison ; beaucoup, après un séjour variable, arrivent insensiblement à l'état chronique et tombent plus ou moins vite dans la démence. Les lypémaniaques sont encore plus exposées à l'incurabilité, quelques-unes même deviennent pour ainsi dire démentes d'emblée. Nous ne pouvons omettre de signaler celui non moins considérable de maniaques et de lypémaniaques dont la chronicité avait été reconnue dès le jour de l'entrée. Environ un tiers pour les premières, un cinquième pour les dernières.

Le délire des persécutions est généralement rebelle à tout traitement surtout lorsqu'il est systématisé.

Les malades atteintes de démence consécutive, de démence sénile et organique, d'épilepsie, de paralysie générale et d'idiotie représentées par le chiffre considérable de 205, n'offraient, lors de leur arrivée, aucune chance de guérison. Toutes ces aliénées, de même que les maniaques et les lypémaniaques chroniques, s'élevant ensemble au nombre de 300, apportaient en entrant leur certificat d'incurabilité et venaient moins chercher un traitement qu'un refuge à leurs misères et un abri contre les dangers qui les menaçaient ou auxquels elles pouvaient exposer les autres.

Quant aux 14 malades classées sous ce titre : *Autres causes,* nous avons cru devoir appliquer cette désignation particulière à des aliénées appartenant à l'une des catégories précédentes, à des épileptiques non aliénées, à des démentes inoffensives dont l'état mental ne justifiait pas suffisamment la séquestration et qui pouvaient trouver dans la famille ou dans un hôpital les soins qu'on venait réclamer pour elles dans l'Asile. Toutes ces malades ont été rendues à la vie commune dès que leur situation mentale a été bien établie.

Ages au moment de l'admission des aliénées traitées pour la première fois dans un Asile.

AGES	1882	1883	1884	1885	1886	Total
Au-dessous de 15 ans.	3	2	2	2	3	12
De 15 à 20 ans	7	10	10	6	5	38
De 20 à 25 ans	9	10	11	8	14	52
De 25 à 30 ans	19	13	14	15	16	77
De 30 à 35 ans	20	11	15	19	9	74
De 35 à 40 ans	20	17	14	25	26	102
De 40 à 50 ans	31	27	47	21	34	160
De 50 à 60 ans	30	22	23	18	17	110
De 60 à 70 ans	11	16	6	19	7	59
De 70 à 80 ans	11	6	10	7	6	40
De 80 ans et au-dessus.	2	3	2	3	2	12
Total. . . .	163	137	154	143	139	736

Les malades admises avant l'âge de 15 ans sont pour la plupart, sinon toutes, des idiotes, des dégénérées ou de jeunes idiotes épileptiques qu'il est impossible, en raison de leur nature généralement méchante et perverse, de conserver dans la famille ou au contact d'autres enfants pour lesquels ils constituent un perpétuel danger ou une cause d'immoralité. Douze de ces enfants nous ont été confiées ; toutes, sauf une peut-être, sont destinées à finir leurs jours dans l'établissement.

167 aliénées avaient, au moment de leur admission, de 15 à 30 ans, la plupart d'entre elles étaient atteintes d'affections aiguës, quelques-unes étaient épileptiques ou idiotes, quatre étaient paralytiques générales.

336 âgées de 30 à 50 ans, ont été frappées à la force de l'âge, car le plus grand nombre nous a été confié quelques mois après ou pendant la première année de l'évolution de leur maladie.

De 50 à 60, nous avons compté 110 entrées.

De 60 à 80, nous en avons admis 99.

Douze autres avaient dépassé cet âge.

L'aliénation mentale se développe à toutes les époques de la vie. L'enfant comme l'adulte et le vieillard, sont sujets à toutes les perturbations intellectuelles et morales. S'il est prouvé par les statistiques et des faits nombreux, qu'à tout âge, l'être raisonnable peut être atteint de folie, il est acquis à la science que les cas d'aliénation mentale se montrent plus communs de 30 à 50 ans, qu'à tout autre époque.

Tous les auteurs qui se sont occupés des maladies nerveuses, sont d'accord sur ce point et Guislin, cité par mon regretté maître, Morel, disait, et tout le confirme encore aujourd'hui, qu'avant l'âge de la puberté, les cas de phrénopathie étaient rares à l'exception de l'idiotie, et nous devons ajouter de l'épilepsie et du crétinisme; mais à compter de 17 ans, l'aliénation mentale devient une maladie propre au genre humain et se manifeste depuis cette période de la vie jusqu'à la plus haute vieillesse.

Les admissions ont lieu de la manière suivante :

De 10 ans à 20 ans, on remarque quelques cas isolés ;

De 20 ans à 30 ans, les cadres se remplissent tout d'un coup ;

De 30 ans à 40 ans, il y a une véritable affluence, il y a foule ;

De 40 ans à 50 ans. le chiffre décroit tout en se rapprochant de celui de 20 à 30 pour les hommes.

Chez les femmes, cependant, on a remarqué que, s'il n'y a pas une recrudescence dans les entrées de 50 à 60, le chiffre n'en reste pas moins très élevé.

Le plus grand nombre d'aliénations mentales primitives se produisent et nos chiffres viennent le confirmer, de 30 à 50 ans, c'est l'âge des grands soucis pour les hommes, c'est la période de l'existence où ils commettent le plus d'excès ; c'est l'époque, je dirais privilégiée de la paralysie générale qui semble faire annuellement des victimes de plus en plus nombreuses. Pour les femmes, n'est-ce pas la période de 30 à 50 qui est la plus critique de sa vie et où, plus que l'homme, elle est exposée aux maladies du moral. Que de modifications, en effet, dans l'organisme de la femme pendant cette période de l'existence ; l'épuisement causé par des accouchements plus ou moins nombreux ou trop fréquemment répétés ; l'allaitement, les hémorrhagies, l'âge critique et tout le cortège des affections utérines spéciales. Ajoutons à cela les causes si nombreuses de chagrins qui s'accumulent à cette période de la vie de la femme et l'on comprendra sans peine qu'elles peuvent conduire plus fréquemment dans nos asiles les femmes de 30 à 50 ans que les hommes du même âge.

Faut-il ajouter encore qu'il n'est pas rare aujourd'hui de rencontrer dans notre asile de la Seine-Inférieure, des femmes qui dès l'âge de 30 ans, quelquefois même avant, ont contracté des habitudes d'intempérance qui ont eu pour conséquence d'entraîner la perte momentanée et même irrévocable de la raison.

Après ces quelques observations qui précèdent, si nous examinons, en les comparant avec les appréciations de nos maîtres, les chiffres fournis par notre statistique, nous constatons qu'ils sont absolument en concordance avec les données actuelles de la science.

Ces cinq dernières années peuvent être considérées comme ayant appartenu à une période normale pendant laquelle nous n'avons eu à noter ni commotion politique, ni guerre ni épidémie ni une autre cause extraordinaire de nature à influencer le chiffre total des cas d'aliénation mentale.

Durée de la maladie avant l'admission des aliénées entrées pour la première fois.

DURÉE DE LA MALADIE	1882	1883	1884	1885	1886	Total
1 mois et au-dessous	54	16	23	19	22	134
De 1 à 3 mois.	33	29	28	26	27	143
De 3 à 6 mois.	9	19	13	23	19	83
De 6 mois à 1 an	24	8	7	21	20	80
De 1 à 2 ans	4	8	12	11	11	46
De 2 à 5 ans	22	29	29	17	26	123
De la naissance.	10	4	7	7	7	35
De la première enfance	4	6	7	4	4	25
Epoque indéterminée ou inconnue.	3	18	28	15	3	67
TOTAL. . . .	163	137	154	143	139	736

Il est un principe en aliénation mentale qui ne fait plus doute pour personne, c'est que plus les placements dans un asile ont lieu à une époque rapprochée du début ou de la manifestation des premiers symptômes morbides, plus les malades qui en sont l'objet sont susceptibles de guérison, abstraction faite toutefois de ceux dont l'affection nerveuse est par sa nature absolument incurable.

Les familles comprennent aujourd'hui qu'il en est de l'aliénation mentale comme de tout autre maladie ; que l'une comme les autres présentent d'autant plus de chances de guérison que le traitement qu'on lui opposera sera appliqué avec plus de méthode et de promptitude. La conviction que l'isolement et l'éloignement des causes occasionnelles produisent toujours un effet salutaire sur la maladie qui nous occupe pénètre de plus en plus dans la société. Les familles ont moins d'appréhension et nous pouvons dire moins de répugnance qu'autrefois à placer leur malade dans un établissement public ; elles savent, du reste, que dans les asiles, et dans ceux de la Seine-Inférieure en particulier, l'installation y est parfaite, que toutes les prescriptions d'une hygiène sévère y sont observées, que l'alimentation y est abondante et saine, que leurs malades y reçoivent les soins les plus bienveillants et les plus assidus ; qu'ils y trouvent enfin, avec un traitement scientifique et rationnel, tout le bien-être désirable et souvent la guérison. Aussi ces familles nous confient-elles ceux des leurs que le malheur a frappés, sans arrière-pensée, convaincus qu'ils seront l'objet de tous nos soins et de toute notre sollicitude. L'administration départementale, pour sa part, accélère autant que possible l'admission des infortunées qui viennent réclamer un placement d'office. La malade, d'une part, et le budget départemental de l'autre, y trouvent un bénéfice en accélérant les admissions pour les aliénées dont l'affection est récente.

277 malades nous ont été adressées dans les trois premiers mois de l'évolution de leur maladie mentale ; 163 atteintes depuis plus de six mois et de moins d'une année ; enfin, 306 autres, en comprenant celles dont l'époque du début de l'affection nous est restée inconnue, avaient été conservées dans la vie commune,

souvent dans des conditions plus ou moins déplorables au point
de vue du traitement.

Etat civil des malades admises pour la première fois dans un Asile.

ÉTAT CIVIL	1882	1883	1884	1885	1886	Total
Célibataires	69	58	46	65	60	298
Mariées	66	53	86	54	63	322
Veuves	28	26	22	24	16	116
Total	163	137	154	143	139	736

Le tableau de l'état-civil relatif aux admissions pendant la
dernière période quinquennale est en contradiction avec les données de la statistique générale, qui nous démontre que la proportion des aliénées célibataires est supérieure à celle des femmes
mariées, et semble conclure de là que le célibat prédispose à la
folie. Nous n'ignorons pas avec quelle prudence nous devons
accepter les données d'une statistique générale, quelque exacts
qu'on en suppose les chiffres. Pour ce qui concerne l'asile de
Saint-Yon, nous avons constaté que les femmes mariées avaient
été frappées en plus grand nombre que les célibataires; mais
cette fréquence est peut-être plus apparente que réelle. Pour pouvoir l'affirmer, il serait nécessaire de savoir quel est dans notre
département le chiffre exact des célibataires, celui des femmes
mariées et des veuves ; c'est alors seulement que nous pourrions
dire avec un certain degré de certitude que telle situation paraît
plus favorable que telle autre au développement des affections
nerveuses que nous traitons dans nos établissements.

Degré d'instruction des aliénées admises pour la première fois.

DEGRÉ D'INSTRUCTION	1882	1883	1884	1885	1886	Total
Instruction nulle	39	33	38	51	39	200
Sachant lire	20	13	21	17	13	84
Sachant lire, écrire	83	63	91	64	67	368
Instruction moyenne	3	5	1	7	16	32
Instruction supérieure	2	1	»	2	2	7
Sans renseignements	16	22	3	2	2	45
Total	163	137	154	143	139	736

Nous ne pouvons porter aucune appréciation ni tirer aucune déduction du tableau qui précède. Une seule chose nous frappe, c'est de rencontrer encore aujourd'hui un grand nombre d'illettrées dans un département qui depuis longtemps tient l'un des premiers rangs dans la statistique de l'instruction. Ce nombre devra nécessairement diminuer progressivement, tous les Français recevant au moins une instruction élémentaire. Les idiotes et les dégénérées seules en seront fatalement privées.

Mois des admissions des aliénées traitées pour la première fois.

MOIS DES ADMISSIONS	1882	1883	1884	1885	1886	Total
Janvier.	14	12	19	11	12	68
Février .	9	7	10	12	11	49
Mars .	28	12	14	13	12	79
Avril.	16	12	17	13	11	69
Mai.	13	16	15	9	10	63
Juin .	11	12	20	12	16	71
Juillet	15	9	14	13	18	69
Août .	10	14	12	10	8	54
Septembre.	8	12	7	15	11	53
Octobre.	9	8	9	15	11	52
Novembre.	14	7	9	9	11	50
Décembre.	16	16	8	11	8	59
Total.	163	137	154	143	139	736

Les saisons ont-elles une influence plus ou moins marquée sur le développement des divers genres de folie ? Tel n'est pas notre avis pour la généralité des cas, quoique les statistiques s'accordent à admettre que c'est au printemps et en été que l'aliénation mentale frappe ses victimes avec le plus d'intensité. S'il est vrai qu'il résulte de notre observation que tout changement de temps, les températures extrêmes, le plus ou moins d'électricité répandue dans l'atmosphère, influent incontestablement sur l'état physiologique et moral de nos malades, nous n'oserions affirmer cependant que ces mêmes phénomènes météorologiques ont une action réelle sur l'éclosion des maladies nerveuses.

Notre tableau nous donne bien et très exactement le nombre

d'aliénées admises chaque mois pendant chacune des saisons ; mais comme les séquestrations ont lieu pour les unes dès le début, pour d'autres pendant le ou les premiers mois, et pour d'autres encore une ou plusieurs années même après les premières manifestations de leur névrose, il ne nous est pas possible d'en conclure que telle saison est plus pernicieuse que telle autre.

Il est généralement accepté cependant que c'est pendant le printemps et les mois d'été que se font le plus de séquestrations. Faut-il l'attribuer à ce que, dans beaucoup de familles, la surveillance devient plus difficile pendant cette époque de l'année, où, à la campagne surtout, les travaux des champs appellent tous les gens valides au dehors ? Doit-on admettre qu'au temps où la nature se réveille, le malade devient plus difficile ? Les deux hypothèses sont permises. Toujours est-il que, pour ce qui concerne l'asile de Saint-Yon, c'est au printemps (mars-avril-mai, 211) et pendant l'été (juin-juillet-août, 194), que le chiffre des admissions s'est trouvé le plus considérable, avec une différence en plus de 74 sur les entrées pendant l'automne et l'hiver.

Professions. — Etat social.

PROFESSIONS. — ÉTAT SOCIAL	1882	1883	1884	1885	1886	Total
Propriétaires-rentiers	15	16	9	15	13	68
Sans profession.	40	38	36	29	23	166
Se livrant à l'instruction (laïques) .	»	1	1	»	»	2
Se livrant à l'instruction (religieuses)	»	2	1	»	2	5
Industrie et commerce.	4	5	6	13	5	33
Ouvrières industrielles.	8	5	12	16	11	52
Gens à gages.	9	13	16	16	12	66
Professions manuelles.	27	29	20	12	29	117
Ménagères.	10	8	12	9	6	45
Journalières.	34	16	35	28	33	146
Professions agricoles	16	4	6	5	5	36
Total.	163	137	154	143	139	736

Ces chiffres n'ont rien de rigoureusement exact, en ce sens que nos renseignements n'ont pas été toujours aussi suffisants que nous l'eussions désiré.

Prenant pour exemple les journalières, nous n'avons pu savoir si les malades classées sous ce titre s'occupaient des soins de ménage ou de travaux agricoles.

Sous la dénomination de professions manuelles, nous avons compris les couturières, lingères, modistes, etc., alors que quelques-unes auraient pu figurer dans la classe désignée sous le nom d'industrie et commerce.

De sorte que ce tableau n'a qu'une valeur relative, d'autant plus que, pour en tirer des conclusions, il serait indispensable de savoir quel est dans le département le nombre d'individus appartenant à la même profession, se livrant aux mêmes occupations, à la même industrie. Ces données nous manquent.

Nous n'avons toutefois pas remarqué que, pour les femmes, tel travail, la vie dans tel ou tel milieu, prédisposaient plus que tel autre à l'aliénation mentale.

Dans tous les cas, nous croyons que généralement les causes de folie sont complexes et que l'influence de la profession est, la plupart du temps, absolument étrangère aux perturbations psychiques et morales qui surviennent chez celles qui nous sont confiées.

Causes présumées de l'aliénation mentale des malades admises pour la première fois.

CAUSES PRÉSUMÉES				1882	1883	1884	1885	1886	Total
Causes prédisposantes.	Hérédité	Directe	Paternelle	6	6	10	3	10	35
			Maternelle	5	5	11	4	5	30
			Paternelle et maternelle	»	1	»	11	2	14
		Collatérale		2	6	3	3	5	19
		Mixte	Collatérale et paternelle	2	1	4	2	6	15
			Collatérale et maternelle	3	1	3	2	2	11
			TOTAL	18	20	34	25	30	124
Causes déterminantes.	Causes physiques.	Causes physiologiq.	Vice congénital	15	9	8	4	9	45
			Epilepsie	5	1	3	2	»	11
			Hystérie	8	2	1	3	»	14
			Menstruation	2	4	1	3	2	12
			Grossesse, lactation, puerpéralité	8	1	11	4	11	35
			Age critique	5	1	6	1	3	16
		Causes spécifiques. Poisons.	Excès vénériens, débauche	3	2	1	1	2	9
			Excès alcooliques	22	16	14	19	14	85
		Maladies cérébrales	Congestion	4	4	3	5	3	19
			Tumeurs cérébrales	»	1	»	»	»	1
			Céphalalgies persistantes	»	»	»	1	1	2
			Sénilité	19	6	8	9	8	50
			Convulsions	»	»	1	1	»	2
		Maladies aiguës ou chroniques.	Fièvre grave	»	»	»	»	1	1
			Fièvre typhoïde	»	1	3	1	1	6
			Pneumonie	1	»	1	2	»	3
			Anémie	»	»	1	»	»	1
		Maladies externes.	Coups sur la tête	»	»	»	1	»	1
			Traumatisme	»	»	»	1	»	1
	Causes morales.		Frayeur	3	6	5	3	3	20
			Contrariétés	3	4	2	7	12	28
			Chagrins domestiques	10	8	8	9	12	47
			Perte d'argent, revers de fortune	7	3	6	5	4	25
			Perte d'une personne chère	2	9	6	5	9	31
			Misère ou privations	2	5	5	9	6	27
			Excès de fatigue	1	2	1	»	»	4
			Jalousie	»	1	»	»	1	2
			Emotions vives	1	»	1	4	»	6
			Déceptions	1	2	1	4	6	14
			Amour contrarié	2	4	2	2	5	15
			Religion exagérée ou mal comprise	6	4	1	3	3	17
			Causes inconnues	15	24	36	24	16	115

NOTA.— Chez certaines malades, des causes multiples ont été signalées. Exemple : L'hérédité comme cause prédisposante, et une cause morale comme cause déterminante. C'est ce qui explique le chiffre total des causes supérieur à celui des admissions.

La connaissance des causes des maladies en général, et en particulier de l'aliénation mentale, est très importante au double point de vue du pronostic et du traitement.

Dans le tableau qui précède, nous avons divisé les causes en : 1° *prédisposantes*, et 2° *occasionnelles ou déterminantes*.

Les premières sont générales ou individuelles, les secondes appartiennent à l'ordre moral ou à l'ordre physique, mais il est bien rare qu'une influence étiologique agisse isolément. Dans nombre de circonstances, nous trouvons associées les causes prédisposantes et les causes déterminantes, les causes physiques et les causes morales, et cette réunion ne fait qu'accroître la violence de leur action et la gravité du pronostic.

Dans le cadre des causes prédisposantes, nous classons les causes générales et les causes individuelles.

Parmi les premières, on signale la civilisation.

« Il est acquis, en effet, dit Morel, que là où la civilisation imprime aux individus une plus grande activité, là aussi règne un plus grand nombre de perturbations mentales.

« Les maladies du système nerveux sont alors en rapport avec une multitude de causes complexes qui se commandent et s'enchaînent successivement : l'inquiétude, les luttes acharnées, la misère, l'immoralité, les excès de tous genres, l'ambition déçue, l'amour trompé, etc.

« Toutefois, la civilisation, considérée au point de vue de l'aisance, de la diffusion des lumières, ne saurait être regardée comme cause prédisposante générale d'aliénation mentale.

« Si, actuellement, la suractivité intellectuelle, les excès de fatigues, la soif des richesses, les jouissances matérielles, font plus de victimes qu'autrefois, il existait des causes générales d'un autre ordre que l'on n'invoque presque plus aujourd'hui ; tels sont : les erreurs, les préjugés, la superstition, l'ignorance, la famine, dont l'influence funeste exerçait sur l'esprit humain une action si vive au moyen-âge. Aussi, faisant la part de tous ces éléments, croyons-nous pouvoir dire que jadis les causes générales étaient peut-être aussi nombreuses que de nos jours, qu'il y a compensation. »

Les causes prédisposantes individuelles, plus fréquentes, créent parfois de véritables aptitudes aux maladies mentales. L'hérédité, les habitudes alcooliques des parents, les mariages consanguins, transmettent aux enfants certains états pathologiques spéciaux, une idiosyncrasie qui détermine presque fatalement la folie. Le tempérament, l'âge, l'éducation, exercent aussi, au point de vue étiologique, une action parfois puissante.

Mais, de toutes ces causes individuelles, l'hérédité est sans contredit la plus importante, et le tableau des causes, quoique incomplet, (car 115 aliénées nous sont arrivées sans renseignements suffisants), nous apprend que chez 124 malades l'influence héréditaire a été invoquée.

Les habitudes alcooliques des parents ont parfois sur la progéniture des conséquences déplorables ; idiots, imbéciles, fous moraux, ne doivent souvent qu'à l'alcoolisme de leurs auteurs la dégénérescence qui les frappe.

Nous pouvons en dire autant des mariages consanguins ou des unions disproportionnées au point de vue des conjoints qui, dans l'espèce humaine, donnent naissance à des aliénés, des sourds-muets ou des dégénérés de toute nature.

Examinant les causes occasionnelles ou déterminantes, nous distinguons les causes physiques et les causes morales.

Les premières se divisent en causes physiologiques et spécifiques. Les abus alcooliques, les maladies aiguës et chroniques, les affections cérébrales en particulier, ne restent pas sans action, il en est de même du traumatisme.

Les secondes, ou causes morales, sont multiples et plus fréquentes que les causes physiques. La proportion serait de 66 % lorsqu'on réunit les deux sexes. Mais comme elles agissent avec beaucoup plus d'activité chez la femme que chez l'homme, la proportion s'élèverait chez les premières à 77 %.

Parmi les causes si diverses, il en est une qui mérite d'appeler notre attention d'une manière toute particulière : c'est l'alcoolisme.

Personne n'ignore aujourd'hui les conséquences funestes qu'entraînent les abus alcooliques, non seulement pour celui qui s'y livre, mais encore pour sa progéniture. De tous les côtés, on lutte contre cette plaie sociale, que, malheureusement, on ne parvient pas à enrayer. Les alcools, et surtout ceux de qualité inférieure, qui se vendent à des prix dérisoires et se consomment dans les débits, ont une action toxique qui exerce une influence néfaste sur tous nos organes essentiels, et particulièrement sur le système nerveux. L'abus et même l'usage prolongé de ces alcools détermine des désordres organiques, et surtout des troubles de l'intelligence, des perturbations psychiques durables et graves, qui ne sont dus qu'à l'absorption lente et progressive de ce poison.

Dans le département de la Seine-Inférieure, l'alcoolisme est en faveur et fait de trop nombreuses victimes. Si, dans les campagnes, on consomme encore une quantité assez notable d'alcool de cidre ou de poiré, moins nuisible peut-être, il n'en est pas de même dans les villes, où les alcools du commerce (alcools de grains, de betteraves ou de pommes de terre), plus ou moins rectifiés, en général de la plus mauvaise qualité, sont consommés dans des proportions considérables par la classe ouvrière.

Ce qui est vraiment déplorable, c'est que ce vice, loin de diminuer, tendrait à s'accroître progressivement, et que les femmes, moins cependant que les hommes, en subissent l'influence désastreuse. Si nous en jugeons par les aliénées alcooliques admises à Saint-Yon depuis vingt-cinq ans, nous devons reconnaître que les victimes de l'alcoolisme, même chez les femmes, tendent à s'accroître dans des proportions inquiétantes.

Nous avons relevé le chiffre des malades entrées depuis le 1er janvier 1861 (en faisant la déduction de celles qui nous sont arrivées par transfèrement d'un autre établissement spécial) chez lesquelles l'alcoolisme a été invoqué comme cause déterminante d'aliénation mentale. Toutes n'y figurent pas, car quelques-unes, et le nombre peut être évalué à environ 10 %, nous arrivent sans renseignements ou avec des renseignements insuffisants. Il nous est donc permis de conclure que le chiffre réel des alcooliques admis est même supérieur à celui que nous indiquons.

Nous avons cru devoir reproduire ci-après le tableau du mouvement de 1861 à 1885 des aliénées dont l'affection est attribuée à l'alcoolisme.

Cette statistique a été réclamée dans le courant de l'année dernière par M. le Ministre de l'Intérieur pour être adressée à la Commission du Sénat chargée de faire une enquête relative à la consommation de l'alcool en France.

ANNÉES	ADMISSIONS	ALCOOLIQUES	PROPORTIONS	P. 0/0
1861	140	14	10	
1862	131	13	9.9	
1863	203	11	5	
1864	182	8	4.4	
1865	185	10	5.4	
	841	56	6.6	6.6
1866	190	12	6.3	
1867	207	9	4.2	
1868	202	11	5.4	
1869	193	15	7.7	
1870	173	13	7.5	
	965	60	6.2	6.2
1871	196	14	7	
1872	219	11	5	
1873	205	17	8.2	
1874	200	15	7.2	
1875	183	18	9.6	
	1.003	75	7.4	7.4
1876	179	19	10.6	
1877	200	21	10.2	
1878	234	20	8.5	
1879	199	23	11.5	
1880	185	24	13	
	997	107	10	10
1881	192	32	16	
1882	207	26	12.2	
1883	177	17	9	
1884	204	20	9.5	
1885	189	24	12.5	
	969	119	12	12

L'examen de ce tableau nous permet de constater :

1° Que la progression des admissions d'aliénées alcooliques a été constante, sauf dans la période de 1866 à 1870, pendant laquelle la moyenne a légèrement faibli de 0,4 % ;

2° Que cette moyenne qui, il y a vingt ans, était représentée par 6,6, a presque doublé pendant la dernière période, puisqu'elle a atteint le chiffre de 12 %,

En 1886, sur 188 entrées, 17 étaient des alcooliques, ce qui nous donne encore une moyenne de 9 %.

RECHUTES.

Admissions pour cause de rechute.

120 malades ont été admises pour cause de rechute.

Les rechutes se constatent plus particulièrement chez les aliénées prédisposées héréditairement et chez les alcoolisées. Chez les premières, la susceptibilité particulière dont sont malheureusement doués certains individus issus de parents aliénés, où la cause la plus futile suffit parfois pour ramener les troubles intellectuels et moraux dont ils ont été précédemment atteints ; chez les derniers, l'irrésistible penchant pour les boissons alcooliques, auquel ils succombent la plupart du temps dès leur retour dans la vie commune, ne tarde pas à les ramener à l'asile.

Citons encore, comme cause de rechute, les sorties prématurées provoquées par les familles qui, soit par une affection mal entendue, soit par mesure d'économie ou tout autre question d'intérêt, précipitent la sortie de leurs malades.

Causes des rechutes.

CAUSES	1882	1883	1884	1885	1886	Total
Hérédité.	3	5	5	3	7	23
Excès alcooliques.	2	3	3	4	3	15
Excès vénériens	»	»	»	»	1	1
Puerpéralité	3	1	»	»	1	5
Troubles de la menstruation. . . .	»	»	»	»	1	1
Hysterie.	5	»	»	1	»	6
Fièvre typhoïde.	»	»	»	1	»	1
Insolation.	»	»	1	»	»	1
Misère et privations.	2	1	2	2	1	8
Chagrins domestiques	3	1	2	2	5	13
Excès de fatigue	»	3	2	»	»	5
Frayeur.	»	1	»	1	»	2
Perte d'une personne chère . . .	»	»	»	1	1	2
Religion exagérée.	»	1	»	2	1	4
Renseignements insuffisants . . .	7	5	9	7	5	33
TOTAL.	25	21	24	24	26	120

Nombre de rechutes.

NOMBRE DE RECHUTES	1882	1883	1884	1885	1886	Total
Première rechute.	10	11	11	10	11	53
Deuxième rechute.	6	7	5	8	5	31
Troisième rechute.	5	2	2	2	5	16
Quatrième rechute	4	1	2	1	2	10
Cinquième rechute	»	»	2	3	»	5
Neuvième rechute.	»	»	»	»	1	1
Dixième rechute	»	»	»	»	1	1
Onzième rechute	»	»	2	»	»	2
Douzième rechute.	»	»	»	»	1	1
Total.	25	21	24	24	26	120

Epoque de la rechute par rapport à la guérison.

EPOQUES DES RECHUTES	1882	1883	1884	1885	1886	Total
Dans les trois mois de la sortie . .	2	1	»	6	2	11
De 3 à 6 mois.	5	»	3	3	2	13
De 6 mois à 1 an	1	2	2	2	1	8
De 1 à 2 ans	4	3	3	2	8	20
De 2 à 5 ans	5	6	6	5	4	26
De 5 ans et au-dessus.	8	9	10	5	9	41
Epoque indéterminée	»	»	»	1	»	1
Total.	25	21	24	24	26	120

Si l'aliéné sorti de l'asile ne trouve pas au dehors les soins dont il a besoin, le dévouement qu'il est en droit d'attendre ; si, au lieu d'affection, il ne rencontre qu'indifférence ; s'il retrouve enfin, dans le milieu où sa folie s'est développée, les causes qui l'ont préparée et déterminée, il n'est pas douteux que sa guérison sera compromise ; il est pour ainsi dire vaincu d'avance.

Sur les 120 cas enregistrés, il est certain que, pour quelques-uns, la rechute ne doit être attribuée qu'à cette influence du milieu, et la plupart de celles qui nous sont revenues dans les trois premiers mois qui ont suivi leur rentrée dans la société ne doivent leur rechute qu'aux causes diverses relatées ci-dessus.

Pour ce qui concerne le nombre des rechutes, nous trouvons

quelques malades qui sont rentrées jusqu'à dix ou douze fois ; celles-ci sont toutes atteintes de folie remittente avec accès se reproduisant à des époques plus ou moins éloignées. Guéries de leur accès, elles rentrent dans leur famille, et, dès qu'elles s'aperçoivent du retour de leur affection, elles viennent souvent elles-mêmes réclamer les soins dont elles ont besoin.

Les alcooliques et les héréditaires reviennent trois, quatre ou cinq fois, et finissent pour la plupart par tomber en démence et rester définitivement à l'asile.

Admissions par suite de réintégration après évasion ou sorties avant guérison.

De 1882 à 1887, cent malades ont été réintégrées après une sortie avant guérison.

Les sorties avant guérison sont généralement provoquées par les familles, qui reprennent leur malade même contrairement à l'avis du médecin traitant ; souvent elles ne tardent pas à constater que leur aliénée ne peut être conservée dans la vie commune et s'empressent de la ramener à l'asile. Parfois, au contraire, nous invitons les parents à reprendre leur malade améliorée ou devenue inoffensive, et celle-ci est conservée dans la famille. Dans d'autres circonstances, ces pensionnaires sont réintégrées, soit qu'elles aient perdu l'appui dont elles ne pouvaient se passer, soit qu'une aggravation ou une recrudescence de la maladie ait imposé cette obligation à leur entourage.

Une autre cause de réintégration réside, il faut bien l'avouer, dans l'affaiblissement des sentiments affectifs, qui semblent s'éteindre d'autant plus chez les parents, que la séparation d'avec les leurs a duré plus longtemps. Ces sentiments sont parfois tellement peu développés que les descendants directs ne se soucient pas de reprendre et de conserver auprès d'eux leur père ou leur mère malades, mais inoffensifs. Quelques-uns consentent bien à s'en charger, mais ne les conservent pas. Ils invoquent mille prétextes pour se débarrasser de cette charge, dont ils ne se soucient pas. On accuse des menaces d'incendie, des tendances à la violence, des dangers imaginaires, et nous voyons notre malade rentrer à l'asile dans le même état de calme que nous avions constaté lors de sa sortie.

Les réintégrations après évasion sont peu nombreuses ; elles sont naturellement en rapport avec le chiffre des évasions. Deux évadées ont été ramenées après un séjour de plusieurs mois dans la famille.

Admissions par transfèrement d'un autre établissement spécial.

Dix-huit malades, appartenant presque toutes au département de la Seine-Inférieure, et qui avaient été séquestrées d'office dans d'autres asiles, ont été dirigées sur celui de Saint-Yon.

SORTIES.

En examinant, dans le mouvement général de la population, la partie relative aux sorties, nous constatons que 489 malades ont quitté l'établissement du 1er janvier 1882 au 31 décembre 1886 ; sur ce nombre, sont sorties :

SORTIES	1882	1883	1884	1885	1886	Total
Guéries.	55	48	57	46	62	268
Améliorées	41	26	23	25	21	136
Evadées.	»	1	1	»	»	2
Transférées dans un autre Asile. .	2	3	5	8	3	21
Pour autres causes	13	9	12	13	15	62
Total.	111	87	98	92	101	489

Moyenne annuelle 97,8.

Les seules sorties qui présentent un réel intérêt sont celles qui ont lieu par guérison et par amélioration.

Si nous comparons le nombre des guérisons par rapport au chiffre total de la population comprenant les existants au 1er janvier 1882 — 1,028 — et les entrées en général pendant les cinq années qui font l'objet de cette étude — 975 — nous le trouvons bien peu satisfaisant, car il ne représente qu'un peu plus du vingtième des malades assistées. Si nous le comparons, au contraire, à celui des admissions, et, bien entendu, des admissions d'aliénées placées pour la première fois dans un asile, nous le trouverons, eu égard surtout aux conditions d'incurabilité déjà signalées, relativement considérable ; nous arrivons par ce calcul à obtenir *37,7 guérisons pour cent*, soit un peu plus du tiers des admissions. Et de fait on peut dire en règle générale que, sur le chiffre des admis pour la première fois, un tiers sort guéri.

Nous ferons remarquer que nous n'avons compris parmi nos aliénées guéries que celles qui nous ont paru l'être radicalement, reportant au nombre des améliorées celles dont la guérison, vraisemblablement prochaine, n'était pas encore un fait accompli.

Les sorties par amélioration se sont élevées au chiffre de 136 ; beaucoup ont achevé leur convalescence dans la famille, où elles ont recouvré l'usage complet de leurs facultés.

Cette remarque de sorties par amélioration nous amène naturellement à examiner une question importante des maladies mentales. Nous voulons parler de la convalescence elle-même et de l'époque la plus favorable pour rendre à sa famille et à ses occupations les malheureux que des troubles nerveux ont conduits dans les asiles.

La convalescence dans la folie se manifeste de différentes manières. La guérison s'annonce quelquefois brusquement, presque sans transition, mais le plus souvent elle suit une marche progressive, décroissante. Elle commence alors que le délire, qui est l'acte essentiel, disparaît. Dans cette période de la maladie, l'aliéné dangereux cesse de l'être, mais sa sensibilité générale conserve une susceptibilité telle que la moindre secousse morale ou physique peut ramener les accidents primitifs, être cause d'une rechute parfois irrémédiable, souvent plus grave que le premier accès.

L'aliéné convalescent trouve-t-il un avantage à ce que son séjour soit prolongé dans l'asile ?

Combien de temps l'isolement devra-t-il se prolonger dans ces conditions ?

L'aliéné convalescent trouvera, dans la plupart des cas, un avantage réel à prolonger son séjour dans l'asile jusqu'à ce que la guérison soit obtenue. Contrairement à l'opinion généralement admise par les personnes étrangères à l'étude de l'aliénation mentale et à l'observation des malades qui en sont atteints, les aliénés en voie d'amélioration, ceux qui réellement marchent vers la guérison, ne se plaignent pas de la prolongation de leur séjour à l'asile ni de leur contact avec les autres malades. Le plus grand nombre de ceux qui sont dans cette voie, loin de s'écarter de leurs compagnons d'infortune, s'empressent de leur donner des soins et leur témoignent la plus vive sympathie. « Nous craignons que notre malade ne retombe à la vue des aliénés qui l'entourent », telle est la phrase stéréotypée que nous entendons prononcer par les familles dont le membre est convalescent. Rien de plus inexact cependant, et l'observation de tous les jours nous oblige à combattre cette erreur.

Tant qu'un aliéné n'est pas guéri ou sur le point de l'être, il se plaint de sa séquestration et de son entourage, il réclame sa sortie, et à chacune de nos visites il réitèrera la même demande. Le vrai convalescent, au contraire, celui qui commence à se rendre compte des soins dont il est l'objet dans l'asile, du peu de force morale qu'il possède, ne réclame plus sa liberté, et très souvent, lorsqu'il nous arrive de lui demander s'il désire rentrer dans la vie commune, il nous répond qu'il se soumet à notre volonté, que nous devons être seul juge de l'opportunité de sa sortie.

Le séjour prolongé du malade dans un asile pendant cette période dernière de sa maladie est beaucoup plus avantageux pour l'indigent que pour le malade placé dans des conditions de fortune différentes.

Que deviennent, en effet, les malheureux sortant au début de la convalescence? Chez les uns, la misère, les chagrins domestiques, les préoccupations de toute nature qui ont joué un rôle généralement si funeste dans la pathogénie de leur délire, ne tardent pas à les atteindre; ils les rencontrent dès qu'ils ont franchi le seuil de l'asile. Sans force ni énergie morale, ils sont incapables de lutter. Parfois, ils sont accueillis par les leurs ou par ceux qui les connaissent avec indifférence, avec crainte. Se présentent-ils dans un atelier, cherchent-ils un travail quelconque à la campagne, à la ville, dans les localités mêmes où ils sont connus, auprès des personnes qui ont pu être les témoins de leurs actes délirants, de leurs gestes, de leurs faits menaçants ou dangereux, ceux-ci, convaincus que les aliénés ne guérissent pas, au lieu de les accueillir avec bienveillance, les évitent, les craignent, se contentent de leur donner des consolations, parfois une aumône, en les engageant à s'adresser ailleurs. Dans ces conditions fâcheuses, victimes d'un préjugé, alors qu'ils auraient besoin de la bienveillance la plus grande, de l'accueil le plus sympathique, ils sont rebutés, ne rencontrent que la misère et l'aversion de tous.

D'autres rentrent dans leur famille au milieu des causes directes qui ont provoqué la folie, avec les préoccupations de tous genres ; ils sont pour ainsi dire vaincus d'avance et voués à une prompte rechute.

Les malades aisés, ceux placés volontairement et librement par leur famille, à qui la situation de fortune permet de satisfaire mille caprices, de se donner tout le bien-être désirable, sont moins exposés, et, dans un nombre de cas plus considérable, la convalescence peut, sans avoir à redouter la plupart des inconvénients signalés, s'achever au milieu des leurs. Ils trouvent dans la famille des distractions, le bien-être qui manque aux autres ; on peut les sortir du milieu où la folie a débuté ; ils auront moins à lutter contre les préjugés, parce qu'en général dans les classes aisées on reconnaît qu'un aliéné est un malade qui peut guérir. D'autre part, pour compléter la guérison, n'ont-ils pas souvent à leur disposition le séjour à la campagne dans une région calme et tranquille, les voyages ? ces moyens de traitement puissants dans bien des cas.

Reste à examiner combien de temps il convient de prolonger l'isolement après l'entrée en convalescence. Une décision de cette nature a quelque chose de trop délicat pour être formulée d'une manière précise et catégorique ; elle doit varier suivant une foule de circonstances, et l'opinion de l'un de nos maîtres les plus distingués, le Dr Falret père, ne peut avoir un caractère très général.

« L'expérience, dit-il, atteste qu'au moment où il vient de ressaisir l'existence morale, l'aliéné est fort exposé à une rechute si on ne l'entoure de précautions. La prudence veut qu'à partir du jour où a cessé le délire on attende deux ou trois mois avant de le laisser rentrer dans le monde et reprendre sa vie habituelle. »

Ce précepte, que l'on devrait surtout appliquer aux aliénés indigents, trouve sa raison d'être dans les conditions fâcheuses, tant physiques que morales, où certains malades sont placés dès leur sortie de l'asile. Une prolongation de l'isolement est surtout indispensable pour certains aliénés spéciaux, tels que les alcooliques. Dans d'antres cas, au contraire, il y a bénéfice à les laisser rentrer dans leur famille presque aussitôt qu'une amélioration sensible est constatée. C'est dans le but de répondre à cet avantage qu'il nous est arrivé de provoquer le renvoi de malades à *titre d'essai*, et ce n'est que par exception que ceux-ci ont été réintégrés. Presque tous ont obtenu chez eux une guérison complète.

Nous pouvons donc admettre en principe que :

1° Une sortie prématuree est toujours funeste ; elle compromet souvent les résultats obtenus et entraîne parfois l'incurabilité ;

2° Une sortie pendant la convalescence présente, quand elle est accordée à propos, des avantages réels ;

3° Une guérison solide et durable ne peut être obtenue chez la plupart qu'à la condition de leur laisser achever la convalescence entière à l'asile.

Nature de la maladie des aliénées guéries.

NATURE DE LA MALADIE		1882	1883	1884	1885	1886	Total
Folie.	simple.	19	17	24	18	23	101
	hystérique . . .	1	2	4	2	5	14
	rémittente	1	2	»	1	2	6
Lypémanie	simple.	15	10	11	9	11	56
	avec stupeur	4	5	3	4	3	19
	anxieuse.	3	1	4	5	4	17
	hypocondriaque. . .	2	3	5	»	2	12
	suicide.	1	»	»	3	4	8
Délire des persécutions		9	8	5	4	8	34
Epilepsie jacksonnienne		»	»	1	»	»	1
Total.		55	48	57	46	62	268

De toutes les affections nerveuses, les accès de folie simple, même avec agitation maniaque violente et parfois incoercible, sont les formes qui guérissent le plus fréquemment : viennent ensuite la folie dépressive avec ses différents types et parfois le délire des persécutions.

Ce dernier délire, quoique partiel, est très souvent réfractaire à tout traitement, et le nombre des délirants par persécution qui tombe dans la démence est considérable.

Les autres formes peuvent être considérées comme incurables d'emblée. Nous ne pouvons admettre dans ce cadre certaines formes qu'Esquirol considérait comme pouvant amener des guérisons relatives, ne guérissant que jusqu'à un certain point, chez lesquelles la maladie primitive persiste, certains symptômes concomittants ou consécutifs seuls ayant cédé sous l'influence d'un traitement, tels que les paralytiques en rémission, les épileptiques aliénées dont les attaques ne sont plus précédées ou suivies de troubles intellectuels. Si nous avions considéré comme guéries les malades sorties dans des conditions analogues, notre chiffre se serait trouvé bien plus élevé ; nous les avons placées dans la colonne des améliorées, où leur place était toute indiquée.

Sur les 268 sorties par guérison, nous trouvons 121 maniaques et 112 lypémaniaques ; 34 autres étaient des persécutées.

Une femme atteinte d'épilepsie jacksonnienne est sortie guérie en 1884. Cette malade, âgée de 34 ans, jouissant d'une très bonne santé habituelle, est amenée à l'asile sujette à de fréquentes attaques d'épilepsie unilatérale, avec obtusion des facultés intellectuelles, délire, amnésie et embarras de la parole. Manquant de renseignements précis, nous avons dû rechercher quelles pouvaient être les origines, la cause de ces accès, qui ne s'étaient manifestés que depuis peu de temps. Nous avions quelques motifs de supposer qu'ils pouvaient reconnaître comme point de départ une cause de nature spécifique. Un traitement approprié nous a donné raison, car quelques mois plus tard notre malade quittait l'établissement complètement guérie, et aujourd'hui encore elle continue de jouir d'une santé parfaite.

Durée du séjour ou du traitement des aliénées guéries.

DURÉE DU SÉJOUR	1882	1883	1884	1885	1886	Total
Quelques jours à 1 mois.	4	1	4	2	2	13
De 1 à 3 mois	11	17	12	12	14	66
De 3 à 6 mois.	16	14	13	13	14	70
De 6 mois à 1 an	11	7	14	8	20	60
De 1 à 2 ans	5	6	7	7	9	34
De 2 à 5 ans	4	2	4	4	1	15
Au-dessus de 5 ans.	4	1	3	»	2	10
TOTAL. . . .	55	48	57	46	62	268

Si, dans un certain nombre de cas, quelques malades éprouvent une amélioration notable dans leur état mental dès les premiers jours de leur séquestration, il en est trop peu dont la situation morale soit suffisamment bonne avant la fin du premier mois pour nous permettre de les considérer comme se trouvant en état d'être rendus à la vie commune. Ce sont là de véritables exceptions ; mais il est ordinaire, par contre, de voir un nombre relativement élevé de nos pensionnaires dont l'état mental se rétablit dans les six premiers mois. Pendant le second semestre de leur séjour, nos malades curables se rétablissent encore en assez grand nombre ; mais après une première année, les guérisons diminuent et deviennent presque une exception après cinq années de présence.

Durée de la maladie avant l'admission des aliénées guéries.

DURÉE DE LA MALADIE	1882	1883	1884	1885	1886	Total
Au-dessous de 1 mois.	33	14	17	17	20	101
De 1 à 3 mois.	11	16	15	10	25	77
De 3 à 6 mois.	7	8	8	7	9	39
De 6 mois à 1 an.	2	5	6	2	3	18
De 1 à 2 ans.	2	3	5	3	1	14
De 2 à 5 ans.	»	1	4	2	2	9
De 5 ans et au-dessus.	»	»	»	1	1	2
Date indéterminée.	»	1	2	4	1	8
TOTAL. . . .	55	48	57	46	62	268

Les malades séquestrées dès les premières manifestations de leurs idées délirantes recouvrent plus facilement le libre usage de leurs facultés que celles qui restent dans leur famille, où le délire se développe, où les soins particuliers ne peuvent être donnés aussi régulièrement et aussi complètement que dans un asile, et où, la plupart du temps, l'entourage, par incurie ou par faiblesse, est trop enclin à ne pas contrarier les aspirations de la malade, à la laisser se livrer à toutes ses extravagances et à tous les caprices que lui suggère son imagination déréglée, refu-

3

sant aliments et médication, restant comme fixée dans un lit d'où elle prétend ne pouvoir sortir, et retardant par là même une guérison facile à obtenir dans un milieu spécial où se distribuent, avec un traitement approprié, les soins les mieux entendus.

Mois des sorties des aliénées guéries.

MOIS DES SORTIES	1882	1883	1884	1885	1886	Total
Janvier	4	5	2	3	3	17
Février	6	3	3	6	3	21
Mars	4	4	5	3	4	20
Avril	2	2	3	3	5	15
Mai	5	7	2	4	8	26
Juin	7	4	9	»	8	28
Juillet	1	5	2	4	3	15
Août	10	4	7	5	9	35
Septembre	5	2	6	3	3	19
Octobre	2	4	5	7	7	25
Novembre	3	4	8	»	6	21
Décembre	6	4	5	8	3	26
TOTAL . . .	55	48	57	46	62	268

Les sorties par suite de guérison ont lieu au fur et à mesure que celle-ci est constatée et paraît établie.

Dès qu'une malade semble avoir recouvré l'intégrité de ses facultés, nous engageons la famille à venir la reprendre sans retard lorsque le placement a été effectué par elle. Dans tous les cas de séquestration d'office, une demande de sortie vous est adressée, Monsieur le Préfet; elle a toujours reçu son exécution immédiate.

C'est en raison de cette manière de procéder que le chiffre des sorties mensuelles est très variable ; l'influence saisonnière, dont l'action est très contestable, ne peut entrer en ligne de compte. Le trimestre de janvier, février et mars est représenté par 58 sorties, le second et le troisième le sont par un chiffre égal, 69, et le quatrième par 72.

Age au moment de la guérison des aliénées sorties guéries.

Age au moment de la guérison	1882	1883	1884	1885	1886	Total
15 ans et au-dessous	»	»	»	»	»	»
De 15 à 20 ans.	5	2	3	2	4	16
De 20 à 25 ans.	7	7	4	2	7	27
De 25 à 30 ans.	3	3	8	6	5	25
De 30 à 35 ans.	8	5	5	5	5	28
De 35 à 40 ans.	5	6	4	5	15	35
De 40 à 50 ans.	14	14	16	15	14	73
De 50 à 60 ans.	11	8	12	9	11	51
De 60 ans et au-dessus	2	3	5	2	1	13
TOTAL. . . .	55	48	57	46	62	268

Nous avons constaté d'autre part que la plupart des guérisons s'obtenaient pendant la première année de séjour, et qu'au delà de deux ou trois ans les guérisons devaient être considérées comme exceptionnelles. Nous devons en conclure que, pour la grande majorité, l'âge au moment de la sortie correspond à une année ou deux près à celui de l'admission.

La folie se manifestant avec le plus de fréquence de 30 à 50 ans, il n'est pas étonnant de voir le grand nombre de sorties à cette époque de la vie de nos séquestrées. Du tableau qui précède, nous déduisons que, passé 60 ans, les guérisons sont rares. La cause en est que la presque totalité des malades qui nous sont confiées à cet âge sont atteintes de démence ou de formes chroniques. Sur 111 malades admises pour la première fois qui avaient dépassé 60 ans, 13 seulement sont sorties guéries, et ce chiffre est encore exagéré, car nombre de ces dernières étaient entrées avant d'avoir atteint leur 60me année.

Causes présumées de l'aliénation mentale chez les aliénées sorties guéries.

Causes présumées d'aliénation mentale.		1882	1883	1884	1885	1886	Total
Hérédité	Paternelle	1	1	2	4	5	13
	Maternelle. . . , . .	3	»	4	2	3	12
	Collatérale.	1	1	1	2	8	13
	Paternelle et maternelle	»	»	»	»	1	1
Causes physiques	Menstruation, accouchement	3	5	3	6	2	19
	Age critique	2	»	2	1	1	6
	Céphalalgies intenses .	»	»	»	»	1	1
	Fièvre grave	»	»	»	2	1	3
	Anémie	2	»	»	2	»	4
	Hystérie.	4	1	»	1	1	7
Poisons	Abus alcooliques . . .	9	6	5	9	6	35
	Abus vénériens, débauche.	1	3	2	»	2	8
Causes morales	Chagrins.	2	4	6	4	8	24
	Contrariétés	»	5	4	»	4	13
	Ennuis, déceptions . .	2	»	3	3	4	12
	Misère et privations. .	2	1	2	»	2	7
	Frayeur	»	7	1	»	1	9
	Affections de famille. .	1	3	3	2	4	13
	Emotion vive.	»	»	1	2	1	4
	Revers de fortune. . .	1	»	1	»	1	3
	Religion exagérée. . .	1	3	2	1	2	9
	Inconnues , ...	20	8	15	5	4	52
Total. . . .		55	48	57	46	62	268

Le tableau ci-dessus constate la guérison de 39 aliénées prédisposées héréditairement. Si ce fait démontre la possibilité de la guérison chez les héréditaires, il ne détruit pas ce que cette cause prédisposante a de funeste au point de vue du pronostic. Ces malades sortent, reprennent leurs habitudes, mais, sous l'influence de la moindre cause occasionnelle, nous voyons surgir de nouveaux désordres, les rechutes se succèdent, et finalement l'état chronique et la démence viennent terminer l'existence morale de ces êtres si malheureusement doués.

Il en est de même de certains alcooliques endurcis qui guérissent, boivent de nouveau, sont ramenés à l'asile et finissent par y succomber dans la démence.

SORTIES PAR AMÉLIORATION

Nous avons vu, dans le mouvement général de la population, que 136 malades sont sorties améliorées.

Quelle que soit la situation administrative de l'aliéné convalescent, qu'il ait été placé volontairement ou par mesure d'office, il se présente certains cas où nous jugeons qu'une prolongation de la séquestration pourrait lui devenir sinon nuisible, du moins préjudiciable. Alors nous sollicitons les familles à reprendre leur malade. Lorsqu'il s'agit d'un placement d'office, nous provoquons une sortie à titre d'essai d'une durée d'un mois.

Vous nous avez autorisé, Monsieur le Préfet, à user de ce procédé, avantageux pour le malade et économique pour les finances départementales.

La plupart des aliénées qui ont bénéficié de cette mesure ont été conservées dans leur famille et y ont recouvré la plénitude de leurs facultés.

Sur 120 aliénées sorties à titre d'essai, 20 seulement ont dû être réintégrées à l'asile avant l'expiration de leur congé.

D'autres malades devenues inoffensives, pouvant se rendre utiles, capables de rentrer dans la vie commune, malgré la persistance de quelques troubles cérébraux, ont été l'objet d'un essai de même nature et ont été maintenues au dehors.

SORTIES PAR ÉVASION

Dans cette période de cinq années, deux malades seulement se sont évadées et ont été ramenées à l'asile. Ce chiffre est insignifiant, surtout lorsqu'on le compare à celui des tentatives, qui sont relativement fréquentes.

SORTIES PAR TRANSFÈREMENT

Vingt et une malades ont été transférées dans l'établissement spécial du département où elles avaient conservé leur domicile de secours. La Seine et certains autres départements nous laissaient les quelques malades qui, par hasard, s'étaient fait séquestrer dans la Seine-Inférieure ; mais depuis que le prix de journée des aliénés étrangers a été élevé, ces malades sont généralement dirigés sur les asiles de leur département dès que leur domicile de secours a été reconnu.

SORTIES POUR D'AUTRES CAUSES

Dans cette dernière catégorie de malades, nous comprenons celles qui sont retirées par leur famille avant qu'une modification quelconque ne soit survenue dans leur état mental et celles qui, ayant été séquestrées d'office, ont été rendues à la vie commune lorsque, de l'examen auquel nous les avions soumises, il résultait que la maintenue n'était pas urgente, nécessaire. C'est ainsi que nous avons provoqué la sortie de certaines démentes séniles inoffensives dont la place était tout indiquée dans un hospice de vieillards, à défaut de la famille, et d'épileptiques non aliénées qui, conformément à la loi, ne doivent pas être tolérées dans nos établissements spéciaux.

DÉCÈS

Du 1er janvier 1882 au 31 décembre 1886, le chiffre des décès s'est élevé à 503.

    498 aliénées ont succombé par suite de maladie,
    2 par accident
Et   3 par suicide,

soit une moyenne de 100 en chiffre rond. La population moyenne annuelle comprenant toutes les malades existantes et les admissions ayant été de 1,223, il en résulte que la proportion des décès se trouve portée à 8,1 %. De 1865 à 1875, cette proportion avait été de 9,3 %.

En comparant la moyenne actuelle avec celle constatée pendant les dernières années de l'occupation de l'ancien asile, nous arrivons à cette conclusion que le chiffre des décès s'est abaissé. Ce résultat favorable est dû en grande partie à la translation des malades dans le nouvel établissement, où les conditions hygiéniques sont incomparablement meilleures. L'amélioration du régime alimentaire, de date récente, contribuera certainement de son côté à accroître cette proportion.

En examinant le tableau qui suit, nous devons remarquer que la mort a sévi tout particulièrement sur les aliénées dont la forme mentale était par sa nature fatalement incurable. En ne tenant compte que des cas qui ne pouvaient laisser aucun doute sur leur incurabilité, nous trouvons en effet :

134 décès chez les maniaques et les lypémaniaques chroniques.
171 — chez les démentes.
 52 — chez les paralytiques.
 22 — chez les épileptiques.
 28 — chez les idiotes.

Ce qui nous donne un total de 407 malades chez lesquelles il n'existait aucune chance de guérison. Nous pouvons encore, sans forcer les évaluations, admettre que sur les 96 maniaques, lypémaniaques et persécutées restant, il en existait au moins un tiers qui, dès leur admission, pouvaient être considérées comme incurables, et un autre tiers qui étaient vouées à la chronicité.

Type de l'aliénation mentale chez les aliénées décédées.

Type de l'aliénation mentale.	1882	1883	1884	1885	1886	Total
Folie simple Simple aiguë	2	2	6	»	5	15
Chronique.	15	11	11	9	16	62
Rémittente	1	1	1	»	1	4
Hystérique	1	2	»	»	2	5
Lypémanie Simple.	3	1	1	1	»	6
Chronique.	15	17	10	18	12	72
Avec stupeur . . .	3	4	5	3	1	16
Anxieuse.	2	2	2	2	3	11
Hypocondriaque . . .	1	2	»	»	2	5
Suicide.	1	2	3	1	2	9
Démence consécutive Sans agitation	18	17	11	14	23	83
Avec agitation. . . .	7	8	4	5	4	28
Délire des persécutions.	2	9	3	5	5	24
Folie épileptique	2	6	4	7	3	22
Folie paralytique	13	14	12	5	8	52
Démence Sénile	6	8	15	12	10	51
Organique.	1	2	1	3	3	10
Idiotie Faiblesse intellectuelle	»	»	»	»	1	1
Imbécilité.	2	3	1	4	7	17
Idiotie proprement dite	2	2	»	2	4	10
Total. . . .	97	113	90	94	112	503

En somme, sur le total des décès, c'est à peine si, au moment où la mort est venue les frapper, 30 à 40 femmes étaient présumées curables ; enfin, sur les 15 cas de folie aiguë qui se sont terminés par la mort, 12 ont succombé à l'intensité des accidents nerveux qui avaient nécessité la séquestration.

Age dans le mois du décès.

AGE AU MOMENT DU DÉCÈS	1882	1883	1884	1885	1886	Total
De 15 à 20 ans	2	»	2	»	1	5
De 20 à 25 ans	2	2	1	»	2	7
De 25 à 30 ans	4	2	6	1	3	16
De 30 à 35 ans	7	7	6	4	4	28
De 35 à 40 ans	8	7	4	7	14	40
De 40 à 50 ans	11	20	19	17	21	88
De 50 à 60 ans	23	28	12	13	21	97
De 60 à 70 ans	16	26	14	25	23	104
De 70 à 80 ans	17	18	21	19	22	97
De 80 ans et au-dessus	7	3	5	5	1	21
TOTAL	97	113	90	91	112	503

La mortalité a sévi tout particulièrement sur les vieillards. Nous constatons en effet que 222, soit près de la moitié, avaient plus de 60 ans.

185 autres avaient de 40 à 60 ans ; 96, enfin, ont succombé entre 15 et 40 ans.

Cette quantité considérable de vieillards provient de ce qu'un grand nombre de nos aliénées parcourent une assez longue carrière, car, à l'exception des paralytiques généraux, qui sont vouées à une mort assez rapide, et des épileptiques, qui succombent avant la vieillesse à la suite d'attaques, les autres vivent d'autant plus longtemps que leur existence est plus régulière qu'au dehors, qu'elles sont pour la plupart entourées de soins plus assidues et placées dans les conditions hygiéniques les plus satisfaisantes, auxquelles elles n'étaient pas habituées.

D'autre part, l'asile reçoit annuellement un certain nombre de démentes séniles qui ne viennent que pour augmenter le chiffre des décès.

Durée du séjour des aliénées décédées.

DURÉE DU SÉJOUR	1882	1883	1884	1885	1886	Total
Au-dessous de 1 mois	12	8	9	2	9	40
De 1 à 3 mois.	4	6	10	5	6	31
De 3 à 6 mois.	4	8	9	3	6	30
De 6 mois à 1 an	8	10	4	10	7	39
De 1 à 2 ans	8	15	9	7	10	49
De 2 à 5 ans	24	23	20	19	23	109
De 5 ans et au-dessus.	37	43	29	45	51	205
Total. . . .	97	113	90	91	112	503

Si c'est, en effet, pendant la première année que l'on obtient le plus de guérisons, c'est aussi pendant les premiers mois du séjour des aliénées dans l'asile que la mortalité les atteint en plus grand nombre. Sur les 40 malades qui ont succombé pendant le premier mois, plusieurs ont séjourné moins de huit jours, quelques-unes même sont décédées presque en arrivant. Les unes étaient dans un état de délire aigu à caractère typhoïque, les autres étaient atteintes de pneumonie, d'autres enfin nous ont été confiées alors qu'elles étaient dans le marasme nerveux ou sénile ; l'une d'elles était agonisante au moment de son admission.

Ces décès dans les premiers jours de la séquestration sont pour la plupart la conséquence du défaut de soins ou de soins mal entendus dans la famille ; ils sont dus aux fatigues et au manque de précautions les plus élémentaires pour le transfèrement, à la débilitation extrême dans laquelle sont tombées les sitiophobes, à une congestion des centres nerveux, au marasme, à ces états contre lesquels toute médication reste sans effet, soit à cause de l'usure du malade, soit à cause de l'intensité des lésions.

Du moment où l'aliéné séquestré est habitué à son nouveau genre de vie, qu'il est acclimaté à l'asile, sa vie se prolonge. Il est à l'abri des excès de toute nature auxquels il se livrait dans le monde, son existence est régulière, sa nourriture saine et abondante, il est éloigné d'une foule de préoccupations morales déprimantes et fâcheuses, il n'a plus à subir cette lutte de tous les jours pour l'existence. D'autre part, il est soumis à une hygiène sévère qui jusque-là lui avait manqué. Conditions des plus favorables pour atteindre à la vieillesse. En effet, les vieillards ne sont pas rares dans nos asiles ; chaque année en voit disparaître quelques-uns, et cependant on dirait que le nombre n'en diminue pas. Sur les 205 ayant séjourné plus de 5 ans à l'asile, nous en trouvons :

61 qui y ont passé de 10 à 20 ans.
41　　—　　20 à 30
29　　—　　30 à 40

Enfin, nous en avons perdu cinq dont l'une comptait 41 ans, deux autres 42 ans, et les plus anciennes 45 et 48 ans de présence à l'asile.

Mois des décès.

MOIS DES DÉCÈS	1882	1883	1884	1885	1886	Total
Janvier	7	9	13	7	10	46
Février	9	15	6	5	8	43
Mars	12	11	8	6	10	47
Avril	8	12	4	11	7	42
Mai	11	16	6	6	17	56
Juin	9	6	7	10	14	46
Juillet	6	5	10	7	10	38
Août	3	9	7	8	4	31
Septembre	5	8	4	4	7	28
Octobre	6	11	7	5	10	39
Novembre	8	5	11	11	5	40
Décembre	13	6	7	11	10	47
Total	97	113	90	91	112	503

Le semestre d'été est représenté par le chiffre 241, celui d'hiver par 262. Le mois de mai est celui où le chiffre des décès a été le plus élevé.

Ce résultat n'est pas normal, et sauf pour l'année 1886, où une épidémie d'érysipèle a fait quelques victimes en mai, rien autre ne saurait nous indiquer la cause de l'élévation du chiffre de la mortalité dans le courant de ce mois. Habituellement, c'est pendant la période des grands froids que nous perdons le plus **de malades.**

Maladies qui ont déterminé la mort. — Causes des décès.

CAUSES DES DÉCÈS			1882	1883	1884	1885	1886	Total
Appareil cérébro-spinal.		Apoplexie cérébrale . .	7	6	3	4	8	28
		Méningite	3	3	4	1	9	20
	Marasme	nerveux. . .	9	12	12	11	11	55
		paralytique .	20	14	11	5	6	56
		sénile. . . .	13	6	6	11	6	42
		Ramollissement cérébral	7	16	2	9	8	42
		Hémorrhagie cérébrale.	3	6	4	6	4	23
		Affaiblissement progressif	»	8	12	11	8	39
		Attaques répétées d'épilepsie.	»	»	1	4	2	7
		Tumeur cérébrale. . .	»	»	1	1	»	1
Appareil digestif		Gastro-entérite chroniq.	4	4	4	2	2	16
		Obstruction intestinale.	»	»	1	1	»	2
		Hépatite.	»	1	»	»	»	1
		Cancer de l'estomac. .	1	3	2	1	2	9
		Cancer du foie . . .	»	»	2	»	1	3
Appareil respiratoire		Congestion pulmonaire.	»	»	»	1	2	3
		Emphysème	»	»	1	»	»	1
		Bronchite capillaire . .	»	»	»	1	1	2
		Catarrhe pulmonaire. .	»	2	»	»	»	2
		Broncho-pneumonie . .	1	3	5	2	6	17
		Pneumonie simple. . .	5	2	2	2	2	13
		Pneumonie double. . .	2	3	2	5	3	15
		Pleurésie.	»	»	»	1	»	1
		Pthisie pulmonaire. . .	9	11	5	5	8	38
		Tuberculose généralisée	2	»	»	»	3	5
Appareil circulatoire		Affection du cœur. . .	5	4	4	3	2	18
		Insuffisance mitrale . .	»	»	»	1	3	4
		Péricardite.	»	»	»	»	1	1
		Syncope.	4	2	»	»	»	6
Autres maladies.		Néphrite parenchimateuse	»	»	1	»	1	2
		Fièvre typhoïde. . . .	2	»	»	»	»	2
		Péritonite	»	1	»	»	»	1
		Cachexie cancéreuse. .	»	»	»	2	2	4
		Cancer du sein	»	»	2	»	1	3
		Cancer de l'utérus. . .	»	»	1	»	»	1
		Ulcères scrofuleux. . .	»	»	»	1	»	1
		Anasarque.	»	1	»	»	»	1
		Phlegmon de la fosse iliaque.	»	»	»	1	»	1
		Gangrène de la bouche.	»	»	»	»	1	1
		Hernie ombilicale. . .	»	»	»	»	1	1
		Pupura hémorrhagica. .	»	1	»	»	»	1
		Traumatisme	»	»	»	»	1	1
		Fracture de la colonne vertébrale	»	»	1	»	»	1
		Erysipèle.	»	»	»	»	6	6
		Cancroïde de la face. .	»	1	»	»	»	1
Suicides et accidents		Fracture du crâne. . .	»	1	»	»	»	1
		Asphyxie.	»	2	»	»	»	2
		Strangulation.	»	»	1	»	»	1
		Pendaison	»	»	»	»	1	1
		TOTAL. . .	97	113	90	91	112	503

Parmi les maladies qui ont déterminé la mort, celles qui ont agi d'une manière toute spéciale sont dues à des affections de l'appareil cérébro-spinal.

Il est établi que beaucoup d'aliénés meurent par le cerveau. 373 sur 503, donc plus de la moitié ont succombé aux suites des perturbations ou des lésions cérébrales qui avaient motivé leur séquestration et leur maintenue dans l'établissement.

L'hypérémie des centres nerveux ; la congestion séreuse des méninges, du cerveau, le ramollissement, sont souvent le point de départ de lésions très graves de l'innervation, de l'intelligence, de la sensibilité et de la motilité. Les lésions qu'elles produisent entraînent presque fatalement la mort.

L'apoplexie cérébrale a été cause de décès dans 48 cas ; le ramollissement a fait 42 victimes ; 153 malades ont succombé dans le marasme nerveux, paralytique ou sénile.

Viennent ensuite, par ordre de fréquence :

1° Les affections de l'appareil respiratoire. 97 aliénées ont succombé à une maladie des organes de la respiration, 43 à la tuberculose, 45 à une pneumonie ou à une broncho-pneumonie.

La phtisie, qui fait tant de victimes dans notre région, n'est pas moins fréquente dans nos asiles. Les malades souvent en sont atteintes lors de leur admission ; l'auscultation nous permet de nous en rendre compte. Chez d'autres, les maniaques chroniques et les démentes, elle devient la conséquence de lésions de l'innervation qui, après s'être d'abord limitées à cette partie du système nerveux, siège de l'intelligence et des mouvements volontaires, ne tardent pas à atteindre celle qui préside à la nutrition des organes.

La pneumonie est commune, et la plupart du temps elle vient terminer l'existence de nos malades.

Les aliénés y sont d'autant plus sujets qu'ils s'exposent inconsciemment à toutes les causes susceptibles de la produire. La sensibilité au froid paraît chez beaucoup presque abolie, et il n'est pas rare de voir certaines de nos pensionnaires qui passent leur journée dans les cours quelque temps qu'il fasse.

Ce qui augmente la gravité de cette affection, c'est que, chez les lypémaniaques et les démentes surtout, nous ne pouvons parfois diagnostiquer la pneumonie que lorsqu'elle est déjà arrivée à un degré assez avancé. Les malades dans la stupeur ne se plaignent pas, ils restent où on les place ; de même que les déments ils mangent lorsqu'on les met à table, et l'on ne se doute pas qu'ils sont sous l'influence d'une maladie incidente sérieuse. Sont-ils atteints de pneumonie, ils toussent, mais n'expectorent pas ; leur attitude ne nous laisse supposer rien d'anormal ; ils restent insensibles à la douleur, et souvent, lorsque notre attention est appelée, nous constatons que la maladie est en pleine évolution.

2° Les affections de l'appareil digestif :

Les affections gastro-intestinales graves sont relativement peu communes à Saint-Yon, contrairement à ce qui se passe dans beaucoup d'établissements similaires. Nous devons attribuer cette quasi-immunité aux conditions hygiéniques si favorables dans lesquelles ont été placées nos malades depuis leur transfert dans le nouvel établissement et à l'alimentation saine et variée qui leur est servie journellement.

La gastro-entérite chronique des aliénés, si spéciale dans ses causes, ne l'est pas moins dans ses effets. Elle est due chez les uns à une alimentation prise avec répugnance, comme chez les persécutés hallucinés ; mal ingérée par les paralytiques et non moins mal digérée par tous ; chez d'autres, elle est due aux substances diverses qu'ils absorbent ; chez d'autres, enfin, elle est la manifestation d'un état général consécutif à l'extinction graduelle des forces par suite d'un défaut d'innervation. Les déments et les lypémaniaques chroniques sont les plus fréquemment atteints de cette espèce d'infection non contagieuse qui résiste à tous les traitements et qui, quoi qu'on fasse et après des rémissions plus ou moins nombreuses, se complique de fièvre erratique pour aboutir fatalement à la mort.

Après la gastro-entérite, c'est le cancer de l'estomac qui a fait le plus grand nombre de victimes.

3° Les affections de l'appareil circulatoire :

Les maladies organiques du cœur font tous les ans un certain nombre de victimes, surtout parmi nos vieillards.

4° Les maladies diverses :

Nos aliénées étant susceptibles de contracter toutes les maladies qui affligent l'humanité, il n'est pas étonnant d'en rencontrer quelques-unes dont la cause de la mort dérivait d'une affection autre que celles signalées plus haut.

Un seul chiffre mérite par son importance relative de fixer un instant notre attention.

Six malades ont succombé à un érysipèle ou aux complications qui en ont résulté. Nous nous proposons d'en dire quelques mots dans la partie de ce rapport qui est consacrée aux maladies incidentes.

Il nous reste en terminant à signaler les décès survenus par suicide ou accident.

L'accident le plus grave, le seul heureusement qui soit venu troubler le calme habituel de l'asile, est celui que j'ai eu à vous signaler, Monsieur le Préfet, le 19 novembre 1883.

Il est inutile, je crois, de rentrer dans les détails de cette pénible affaire. Il me suffira de rappeler qu'elle se rapporte à la mort simultanée de deux de nos malades asphyxiées par l'oxyde de carbone qui s'était dégagé d'un poêle à flamme renversée dont le tuyau était en partie disjoint. La conduite de fumée, cachée par une enveloppe protectrice, n'avait permis à personne de se douter de l'état défectueux de cet appareil de chauffage.

Des précautions ont été prises pour empêcher à l'avenir tout accident de même nature.

Les trois suicides ont eu lieu en 1883, 1884 et 1886.

Observation I. — Le premier a été accompli par l'une de nos pensionnaires âgée de 54 ans, présentant, au moment de son admission, un délire mélancolique avec prostration, idées de persécution et dégoût de la vie. L'état mental de cette malade s'était insensiblement amélioré ; elle était moins déprimée, recevait avec plus de satisfaction les visites de ses parents ; elle prenait ses aliments sans difficulté ; son sommeil était paisible et normal.

Mme X..., après avoir passé une bonne nuit, se lève comme d'habitude et procède aux soins de sa toilette ; la surveillante chargée de lui donner des soins se trouve à côté d'elle ; on cause, et rien ne peut faire prévoir une catastrophe prochaine. Notre malade détache ses jupons pour passer son corset ; l'infirmière est à quelques mètres d'elle, près de la porte de la chambre ; la malade est à proximité de la fenêtre. D'un bond, elle passe la tête et ses bras à travers un carreau de vitre, et se lance dans le vide. La surveillante se précipite vers sa malade, la saisit par les jupons, qui cèdent, et Mme X... tombe sur le sol la tête la première de la hauteur d'un second étage. La mort a été instantanée.

Des mesures de précaution ont été prises immédiatement. Les fenêtres des étages ont été garnies de barreaux de fer qui assurent la sécurité de nos pensionnaires.

Lors de la construction de l'asile, on a sacrifié cette sécurité au coup d'œil. On pouvait croire qu'on avait voulu braver les impulsions au suicide, qui surviennent si brusquement et s'exécutent parfois avec une rapidité si grande, comme dans le cas qui nous occupe, en établissant dans la plupart des chambres de nos pensionnaires et dans les dortoirs du régime commun, des châssis dont les vitres mesurent de 45 à 50 c. de côté, et à travers desquelles un corps passe avec la plus grande facilité. En moins de quatre ans, de 1879 à 1883, il a été constaté cinq précipitations ; deux aliénées, dont celle qui fait l'objet de cette observation et une autre, se sont tuées ; une troisième s'est fracturé la jambe ; deux autres se sont relevées n'ayant que des contusions sans gravité.

Grâce aux modifications apportées, les précipitations ne sont plus à craindre ; aussi n'avons-nous eu aucun nouvel accident de ce genre à déplorer.

Mais si nous sommes parvenus à empêcher les suicides par précipitation, nous ne pouvons en dire autant des autres modes employés par nos aliénées pour arriver à se débarrasser d'une existence parfois insupportable pour elles.

Observation II. — En septembre 1884, Mlle Y... meurt par stran-
gulation.

Cette jeune fille était une dégénérée qu'une hérédité directe
condamnait presque fatalement à la mort par le suicide. Enfant
naturel d'une mère aliénée, elle a depuis l'âge de 8 ans attenté
de mille façons à sa vie. Elle a toujours présenté un état de profonde perversion mentale, se révélant par une extrême difficulté,
une impossibilité même de diriger ses actes vers un but utile et
une dépravation absolue des mœurs, par de mauvaises tendances
instinctives, qui l'ont entraînée dans une vie de vagabondage,
de débauche et d'actes délictueux.

Condamnée vers l'âge de 15 ans pour vol, elle fut internée au
Bon-Pasteur de Rouen, où elle devait rester détenue jusqu'à sa
20me année. Dans cet atelier-refuge, sa conduite fut si mauvaise,
ses instincts si pervers, son caractère si difficile, qu'elle fut maintenue dans le quartier correctionnel, d'où elle ne sortit que pour
être transférée à Saint-Yon.

Ce transfert eut lieu à la suite d'une constatation d'aliénation
mentale bien caractérisée par une tendance irrésistible au suicide
qui s'était manifestée par de nombreuses tentatives. En effet,
lors de son admission, nous avions remarqué autour du cou un
sillon très apparent provenant d'une constriction récente produite
à l'aide d'une cordelette ; de plus, Mlle Y... présentait un état de
profonde dépression mentale, avec perversion des sentiments,
ainsi qu'une extrême irritabilité et une impulsivité excessive au
suicide. Elle ne voulait plus vivre. Les renseignements fournis
d'autre part nous éclairèrent sur les véritables causes de l'affection mentale de notre nouvelle pensionnaire. La mère de Mlle Y...,
fille-mère sans feu ni lieu, s'était empoisonnée, et une sœur était
morte aliénée. Une pareille tare héréditaire expliquait clairement
le degré très marqué de dégénérescence intellectuelle et morale
qui frappait notre malade. Cependant cette transition du quartier
correctionnel à l'asile avait eu une heureuse influence sur elle.
Son intelligence déviée s'était notablement redressée, la perversité
de ses instincts et de ses sentiments s'était également amendée,

4

et notre malade, calme, douce et docile, s'occupait raisonnablement et se rendait utile dans le quartier, où elle ne cessait cependant d'être étroitement surveillée. L'observation quotidienne nous fit découvrir de plus chez notre malade l'existence d'un état nerveux particulier sous l'influence duquel cette jeune fille était de loin en loin frappée de crises convulsives épileptiques survenant à des intervalles irréguliers.

Les idées tristes, ce *Tœdium vitœ*, cette profonde mélancolie contre laquelle il lui était autrefois impossible de réagir, avaient à peu près disparu, et ce n'était qu'à de rares intervalles et d'une façon passagère qu'on notait encore chez elle un peu de dépression mentale et d'assombrissement de caractère. Cependant ses antécédents, et surtout le retour de cet état dépressif mal défini où perçait encore parfois quelque vague idée de suicide, nous faisaient entourer Mlle Y... d'une surveillance très assidue, à tel point qu'il ne lui était pas loisible de sortir de la salle sans la surveillance d'une infirmière. Ces précautions ont certainement retardé le malheur que nous avons eu à enregistrer.

Le jour du suicide, à la visite du matin, Mlle Y... paraissait toute joyeuse ; elle riait avec ses compagnes, travaillait en causant, et les gardiennes qui la surveillaient faisaient même remarquer qu'on l'avait rarement vue aussi gaie. Aussi la surprise a-t-elle été grande lorsque, trois heures plus tard, on est venu nous apprendre qu'elle venait de se suicider.

Mlle Y... était sortie de la salle commune pour se rendre aux cabinets, qui sont situés au fond de la cour et à droite. La surveillante de service se tenait sur la porte ; elle la vit se diriger de ce côté et entrer dans le petit bâtiment. L'infirmière resta près de la porte dans la cour, mais le regard tourné dans la salle commune pour avoir sous les yeux les autres malades qui nécessitaient également une surveillance. Les piliers de la galerie extérieure l'empêchèrent de voir Mlle Y..., qui dut sortir furtivement, se diriger le long du mur vers le dortoir du rez-de-chaussée le plus rapproché et y pénétrer en un clin-d'œil en escaladant une fenêtre ouverte pour l'aération.

La malheureuse obéissait sans doute à une de ces impulsions

subites si fréquentes chez les épileptiques atteintes comme elle de folie-suicide, et, aussitôt seule dans ce dortoir isolé et fermé, elle mettait à exécution son sinistre attentat. Elle prit l'une de ses jarretières, faite d'un large ruban de soie bleue d'environ un mètre de longueur, l'attacha à l'une des traverses du dessous de son lit, se coucha par terre, s'entortilla le ruban autour du cou et laissa pendre sa tête en attendant que la mort arrive.

Pendant qu'Y... se livrait aux différents actes de cette scène, la surveillante, inquiète de ne pas la voir revenir, alla au-devant d'elle ; ne la trouvant pas, elle la chercha de tous côtés et finit par la découvrir, mais inanimée, car tous les soins donnés aussitôt par le médecin-adjoint et l'élève interne n'ont pu la rappeler à la vie.

Le troisième suicide est récent ; il ne date que du mois de juin 1886. Ici encore nous étions en présence d'une aliénée dont la pensée dominante, le seul but, la seule préoccupation, était d'en finir avec la vie.

Observation III. — Mlle B..., atteinte de folie hystérique, était entrée à l'asile en 1875 ; elle avait alors 26 ans.

Irrésistiblement poussée au suicide, notre malade commettait journellement de nouvelles tentatives. C'est ce qui résulte du certificat délivré après la première quinzaine de son séjour. Dès cette époque, elle se frappe la tête contre les murs, met le feu à ses vêtements et refuse sa nourriture.

Elle sort quelques mois après, très améliorée, ou plutôt, pendant une période de rémission. Elle est bientôt ramenée dans l'établissement, dominée par ses mêmes idées délirantes. Non contente de chercher à se donner la mort à elle-même, elle s'emploie à fournir aux autres malades les moyens de satisfaire leurs impulsions les plus fâcheuses.

Cet état se maintient sans variation appréciable. A tout moment on intervient pour s'opposer à ses impulsions. La plus légère émotion suffit pour provoquer chez elle une période de dépression accompagnée de nouvelles tentatives de suicide.

La malade, se trouvant plus calme vers la fin de 1881, fut

confiée à sa famille, qui la conserva pendant environ six mois. A ce moment, elle absorba une quantité considérable de laudanum et fut ramenée à l'asile.

Il n'est pas possible d'énumérer les mille tentatives auxquelles cette malade s'est livrée. Nous avons été témoin pendant quatre ans de ses faits et gestes ; une seule chose nous étonne, c'est qu'elle n'est pas parvenue plus tôt à son but.

Mlle B... était un véritable fléau pour la surveillance. A bon droit, elle a toujours été considérée comme la malade la plus dangereuse pour elle-même.

Pendant ses périodes de calme, elle ramassait des cailloux, des clous, des fragments de verre, qu'elle cachait un peu partout, dans son lit, dans le sol, dans les fissures des murs, et lorsqu'elle était agitée, quoique maintenue par la camisole, elle allait reprendre ces objets, les avalait ou s'en servait pour mettre sa camisole en lambeaux, ou pour se déchirer la peau ou s'ouvrir une veine.

Dans ses promenades, lui arrivait-il de rencontrer une plante de coquelicot ou de ciguë, ou toute autre herbe qu'elle croyait toxique, elle la cachait pour la manger plus tard. Elle a été surprise buvant de l'encre, de l'encaustique, avalant des dés à coudre, des aiguilles, épingles, anneaux de rideaux et jusqu'aux clous de ses souliers, qu'elle collectionnait pour les absorber en masse. Défense étant faite de lui laisser des ciseaux, on ne peut évaluer le nombre de fois qu'elle a arraché ce genre d'instrument des mains de ses compagnes pour s'en frapper. Cuillers, fourchettes cassées, tout lui servait pour attenter à ses jours.

Maintenue en camisole, on était forcé de l'entourer de coussins et d'oreillers afin d'éviter qu'elle ne se brisât la tête contre les murs, contre son lit ou les meubles. Pour se débarrasser de ses entraves, elle s'arrangeait de façon à avoir sous la main un caillou coupant, un morceau de verre ; elle le prenait avec la bouche, le faisait tomber dans sa camisole, et après mille efforts parvenait à le faire glisser jusque dans sa main. Alors, usant la toile par frottement, elle finissait par la trouer, et dès qu'une main était libre la camisole était par terre et elle s'en servait pour s'étrangler. Elle passait ses pieds dans les manches, les jambes fléchies, et roulant les attaches autour du cou, allongeant ensuite les membres inférieurs, elle opérait des tractions violentes qui, sans l'intervention des surveillantes, auraient déterminé la mort.

D'autres fois, elle s'est suspendue aux espagnolettes des croisées de l'ancien asile, aux boutons des portes, en engageant l'attache supérieure de la camisole à ces points de suspension. Dans son lit, et quoique fixée, elle se laissait glisser sur le bord. Elle a été trouvée nombre de fois le cou fortement serré avec un bout de ruban, une attache de tablier, son mouchoir.

D'autres fois, n'ayant aucun lien à sa disposition, on la trouvait toute cyanosée, se serrant le cou avec les mains jusqu'au point de déterminer des syncopes, et, pour opérer ce genre de suicide, elle avait soin de se cacher sous les couvertures, ou bien encore elle se glissait sous son matelas ou comprimait vigoureusement son oreiller sur la bouche.

Que de fois ne s'est-elle pas précipitée tête baissée dans les carreaux de vitres, dans les sauts-de-loup des cours du nouvel asile, alors même qu'une surveillante était à ses côtés. En un clin-d'œil, elle avalait émétiques, purgatifs et potions destinés à ses compagnes ; en mangeant, elle se remplissait la bouche avec plusieurs morceaux de pain et de viande qu'elle essayait de faire pénétrer en même temps dans l'œsophage pour déterminer l'asphyxie. Enfin, fatiguée de ces tentatives infructueuses, elle renonçait à s'alimenter, et nous ne parvenions à la conserver à l'existence qu'en la nourrissant au moyen de la sonde œsophagienne.

Après des tentatives aussi variées que nombreuses, et l'état mental ne se modifiant pas, il était évident pour tous qu'un jour ou l'autre Mlle B... parviendrait à atteindre son but, et nous ne pouvions que redouter à tout instant un dénouement fatal.

Le 26 juin dernier, la surveillante est allée comme d'habitude réveiller Mlle B..., qui couchait dans une cellule capitonnée où il n'y avait pas de couchette, mais uniquement une paillasse, un matelas, des draps et une couverture, sans autre pièce de mobilier. Tous les soirs, ses vêtements lui étaient enlevés, et il n'existait aucun point de suspension dans la chambre.

La surveillante lui remit ses effets, qu'elle accepta comme les jours précédents. Elle se trouvait en ce moment dans une période de calme. La veille, cependant, j'avais été forcé de la menacer de l'usage de la sonde pour lui faire accepter ses aliments. Elle se nourrit suffisamment ce jour-là, et nous étions en droit de nous attendre à une amélioration momentanée plus notable encore ; toutefois, la surveillance la plus active était toujours nécessaire et recommandée.

Après lui avoir remis ses vêtements, la sœur-infirmière de service, voyant l'une de ses compagnes dans la cellule voisine, quitta Mlle B... pour se rendre dans la seconde partie de la section dont elle avait la surveillance. Profitant aussitôt de cette absence, Mlle B..., s'adressant à une malade qui avait passé la nuit dans une cellule située en face de la sienne, lui proposa de faire son lit, en la priant d'aller ranger la cellule qu'elle venait de quitter. Celle-ci accepta, fit place à Mlle B..., qui s'introduisit dans cette chambre, où se trouvait un lit en fer, tira la porte à elle et, au lieu de s'habiller, déchira une bande de son tablier, la passa deux fois autour du cou, s'agenouilla à la tête du lit et, fixant les chefs de cette bande au barreau transversal, se laissa glisser en propulsant les genoux en avant et en écartant les talons. Le poids du buste était assez fort pour déterminer une pesée suffisante et amener la mort rapidement.

Peu d'instants après avoir quitté les malades des cellules, la surveillante revint et trouva notre peusionnaire dans la situation décrite, la tête inclinée sur la poitrine ; on s'empresse de couper le lien et de chercher à ranimer la malheureuse qui avait cessé de vivre. Tous nos efforts ont été inutiles.

Cette observation très intéressante nous démontre combien sont tenaces, chez certains aliénés, les tendances au suicide. Mlle B... était une hystérique avec accès maniaques d'une violence inouïe qui, pendant ses périodes de calme relatif, manifestait des sentiments religieux exagérés, tellement obsédée en tout temps par ses idées délirantes spéciales que, même pendant les moments où elle jouissait de la plus grande somme de liberté morale, elle songeait encore à se procurer les objets nécessaires pour arriver à son but. Ces malades, qui sont soumises à une surveillance rigoureuse, en manifestent leur mécontentement, s'irritent et mettent à profit toutes les occasions qui se présentent. Tous les moyens leur sont bons. Pendant des mois, des années même, on parvient à leur éviter un malheur. Les tentatives infructueuses ne les découragent pas, et ils réussissent toujours, quoi que l'on fasse, à se donner la mort.

Dans l'observation de Mlle Y..., nous nous trouvons en face d'une malade d'un autre genre ; lypémaniaque dégénérée, héréditaire, à impulsions subites, qui, tout en ayant des tendances au suicide, ne les manifeste ni dans ses paroles ni dans ses actes. Chez elle, la pensée d'en finir avec la vie ne domine pas, elle surgit inopinément, la plupart du temps avec une instantanéité remarquable et à des intervalles parfois très longs, alors qu'aucune cause de chagrin, de mécontentement ou de malaise ne semble la motiver. C'est au moment où nous considérions cette jeune fille comme notablement améliorée, alors que nous lui avions fait entrevoir son retour prochain auprès de sa grand'-mère qu'elle affectionnait beaucoup, alors qu'elle paraissait satisfaite et heureuse, que, brusquement, sous l'influence de cette impulsivité si commune aux épileptiques et aux héréditaires, elle exécuta son suicide.

AFFECTIONS INCIDENTES

L'état sanitaire de l'asile de Saint-Yon a été des plus satisfaisants pendant la période quinquennale que nous examinons, et, sauf en 1886, où un certain nombre de cas d'érysipèle de la face se sont produits, nous n'avons eu à combattre aucune affection de nature contagieuse.

Cette situation si avantageuse est due aux conditions exceptionnellement favorables de l'habitation, de l'alimentation, de la vêture, aux mesures d'hygiène générale et particulière auxquelles nous soumettons nos malades.

Le nombre des affections incidentes chez les femmes est habituellement plus considérable que celui que nous constatons d'ordinaire chez les hommes séquestrés. Cette différence est plus apparente que réelle. Les femmes se plaignent au moindre malaise ; celles qui jouissent encore d'une certaine dose d'intelligence, et elles sont nombreuses, nous rendent compte de leurs indispositions les plus légères ; elles aiment qu'on s'occupe d'elles, savent se donner et réclamer des petits soins que l'homme n'exige pas. Ces tendances particulières à leur sexe ont, dans une foule de circonstances, l'avantage de les prémunir contre les dangers d'affections graves et, quand celles-ci éclatent, de leur assurer une meilleure part dans les chances de guérison.

Nous ne passerons pas en revue le grand nombre d'affections incidentes que nous avons observées. Il nous suffira de dire que les maladies des organes respiratoires, depuis la bronchite la plus légère jusqu'à la pneumonie la plus grave, ont été fréquentes, que la phtisie pulmonaire est commune. Nos malades inconscientes surtout s'exposent journellemunt à toutes les intempéries d'un climat humide et où les transitions de température sont brusques. Quelles que soient les précautions dont on les entoure, quelle que grande que soit la surveillance que l'on apporte à les prémunir contre les dangers auxquels elles s'exposent, courant d'air trop actif, séjour prolongé à la pluie, au froid, il ne nous arrive que trop souvent encore de constater que nombre de maladies plus ou moins graves ne doivent être attribuées qu'à ces imprudences.

Les maladies des organes de la digestion sont communes, et sans nous étendre sur celles qui atteignent les individus vivant au dehors, et que nos malades subissent, il en est d'autres qui sont pour ainsi dire spéciales aux aliénés. Elles sont dues aux désordres de l'innervation, au dérèglement de leur appétit, à la gloutonnerie avec laquelle certains d'entre eux s'alimentent, aux privations qu'ils s'imposent, au refus d'aliments, à l'ingestion de matières nuisibles, feuilles, chiffons, cailloux, dés à coudre, aiguilles, épingles, etc.

Chez les lypémaniaques, dont l'inertie est parfois si notable, les fonctions d'absorption, de sécrétions, d'excrétions sont lésées ; les digestions sont lentes ; ils mangent peu ou difficilement, soit que leurs idées délirantes les y poussent, soit que leur organisme trop délabré les y contraignent. Les paralytiques, au contraire, mangent avec gloutonnerie ; on dirait que chez eux il existe une suractivité fonctionnelle. Les uns et les autres sont exposés à des troubles sérieux, à la constipation ou à la diarrhée, qui revêtent souvent un caractère exceptionnel de gravité.

La diarrhée chronique des aliénés, dont nous avons parlé déjà, doit être placée en tête des affections graves du tube digestif que l'on observe chez les aliénés ; causée dans certains cas par une prédisposition individuelle particulière qu'entretient l'affaiblissement général, dans d'autres, elle est la conséquence même de l'état nerveux. Cette affection spéciale a une marche lente ; elle est apyretique, l'appétit n'est pas diminué, les malades n'accusent pas de souffrances. Livrés à eux-mêmes, ils prendraient les aliments qu'on leur présente. Les aliénés sont pris de diarrhée, et tous les moyens préconisés pour la combattre restent impuissants, car elle est chronique d'emblée. Un régime sévère, les médicaments les plus actifs n'amènent généralement aucun résultat. Le flux intestinal persiste, le malade maigrit, s'étiole, tombe dans un état cachectique et meurt.

Parmi les maladies des organes de la circulation, nous n'en avons remarqué aucune qui soit ou puisse être considérée comme spéciale aux aliénés.

Il en est de même des affections de l'appareil génito-urinaire.

Erysipèle. — Parmi les maladies intercurrentes ou accidentelles constatées, nous ne pouvons passer sous silence les cas d'érysipèle qui sont survenus en 1886, du 26 janvier au 1er octobre, revêtant pendant l'été un caractère contagieux dont la propagation et les effets ont été combattus par un isolement rapide dans une section spéciale.

Trente de nos pensionnaires et trois sœurs infirmières ont payé leur tribut à la contagion ; six malades et une religieuse ont succombé à la suite ou aux complications de cette maladie.

Dans la plupart des cas, la maladie a suivi son cours régulier sans complications et s'est terminée par la guérison. Nous croyons devoir donner l'observation très succincte des cas qui se sont terminés par la mort :

P..., 71 ans, démence, est atteinte le 21 février ; elle est très affaiblie par l'âge, présente de l'asystolie, et son affection se complique d'une congestion pulmonaire. Elle meurt le 27.

H..., 78 ans, démence, malade grabataire depuis de nombreuses années, présentant tous les caractères de la cachexie sénile, est atteinte d'érysipèle de la face le 25 mai et succombe le 3 juin. Toute la tête était envahie.

T..., 36 ans, imbécilité. Cette aliénée venait d'être frappée d'une hémorrhagie cérébrale suivie d'hémiplégie incomplète. Un érysipèle se déclare le 16 juin et l'emporte le 18.

B..., 35 ans. paralysie générale à la dernière période. Le 12 juillet, un érysipèle se développe au pourtour d'un eschare de la région coccygienne; il se généralise rapidement, et la malade succombe le 15.

M... et L..., 55 ans et 52 ans, sont deux malades atteintes d'agitation maniaque, séquestrées dans la section des agitées. Chez l'une, un érysipèle de la face est constaté le 11 septembre ; chez l'autre, le 12. Toutes les deux meurent le 20, emportées par des complications des centres nerveux et de nature méningitique.

Des trois sœurs-infirmières, l'une a été contagionnée par une de ses compagnes. Depuis plusieurs années, cette religieuse, quoique reposante et comptant 54 années de service, donnait ses soins aux sœurs malades. Agée de 80 ans, cardiaque et complètement usée, elle ne tarda pas à succomber.

Variole. — En janvier 1886, quelques cas de variole furent constatés à l'asile de Quatre-Mares. Quoique les linges et vêtures des contagionnés aient été soumis à des mesures de désinfection avant d'être livrés à la buanderie de Saint-Yon, il n'en résulta pas moins que l'une de nos aliénées, occupée habituellement au lessivage, contracta la variole. Celle-ci fut assez discrète et la malade guérit.

Ce premier cas reconnu, nous nous empressâmes de soumettre à peu près tout le personnel de l'établissement à la revaccination et à vacciner ceux et celles qui jusqu'alors n'avaient pas bénéficié de cette mesure préventive, et nous eûmes la satisfaction de ne voir se reproduire aucun autre cas de variole, de varioloïde ou même de varicèle.

Deux enfants et une adulte ont été vaccinées de bras à bras ; les trois résultats ont été positifs.

Les revaccinations, au nombre de 1,047 pour le personnel, ont donné 219 fois un résultat positif, soit de 20,84 %, ainsi qu'il résulte du tableau suivant :

Vaccinations et revaccinations.

VACCINATIONS	NOMBRE DE SUJETS	RÉSULTATS			MOYENNE POUR %
		+ (1)	F V.	—	
Une adulte	1	1			
Enfants vaccinés de bras à bras	2	2			
REVACCINATIONS.					
Enfants au-dessous de 14 ans, de bras à bras	5	1	1	3	20.00
Adultes : Personnel, de bras à bras	92	29	5	58	31.86
ALIÉNÉES.					
Quartier Saint-Charles, vaccin animal. . .	44	6	8	30	13.63
— Saint-Joseph, — . . .	56	9	9	38	16.07
— Sainte-Geneviève, — . . .	150	28	23	99	18.66
— Sainte-Anne, — . . .	55	13	6	36	13.63
— Sainte-Madeleine, — . . .	119	22	11	86	18.48
— Saint-Paul, — . . .	24	6	5	13	25.00
— Sainte-Marguerite, — . . .	8	1	»	7	12.50
— Sainte-Cécile, — . . .	13	2	1	10	15.38
— Sainte-Julie, — . . .	25	4	3	18	16.00
— Saint-Landry, — . . .	5	2	»	3	40.00
— Saint-Gilles, — . . .	60	6	5	49	10.00
— Sainte-Claire, — . . .	87	20	9	58	22.98
— Sainte-Marie, — . . .	121	28	12	81	23.14
— Sainte-Thérèse, — . . .	35	9	4	22	25.71
— Saint-Jérôme, — . . .	49	9	5	35	18.36
— Saint-Louis, vaccin humain en tubes	32	6	6	20	18.75
— Sainte-Rosalie, —	25	2	4	19	8.00
— Saint-Luc, —	39	13	2	24	33.33
TOTAUX.	1.047	219	119	709	20.84

(1) Résultats positifs +. fausse vaccine F. V. négatifs —.

N'ont pas été soumises à la revaccination les aliénées qui portaient des traces évidentes de variole.

Accouchements. — Huit aliénées sont accouchées à l'asile du 1er janvier 1883 au 31 décembre 1886. Tous les accouchements ont été normaux et les enfants sont nés bien portants. Ces derniers ont été remis à leur famille ou déposés à l'hospice de Rouen, suivant les circonstances.

TRAITEMENT

Le traitement des affections nerveuses doit s'appuyer sur deux ordres de modificateurs concourant au même but : les agents moraux et les agents physiques, dont l'action se confond parfois si intimement qu'on ne saurait leur assigner une limite exacte.

Tout, dans un asile, doit concourir au traitement du malade, tout doit tendre vers un but thérapeutique. Il ne suffit pas, comme dans la pratique médicale ordinaire, de prescrire quelques médicaments plus ou moins actifs, en laissant à l'entourage du patient le soin de les administrer. Le rôle du médecin d'asile est plus étendu, plus complexe. Il doit surveiller l'hygiène de son malade, lui tracer son genre de vie ; il faut qu'il sache le consoler, l'encourager, relever ses forces morales et ramener dans son esprit le calme qui contribue si puissamment à sa guérison. Le médecin, ceux qui l'assistent, les surveillants doivent exercer sur les aliénés qui leur sont confiés une action de tous les instants ; rien ne doit leur être indifférent, et l'exécution des prescriptions doit être des plus rigoureuses, car une omission, une négligence, peut parfois entraîner des conséquences redoutables. Le médecin d'un asile doit surveiller l'alimentation, la vêture, le couchage, l'habitation. De son intervention active et continue dépend le bien-être et souvent la guérison de l'aliéné. Si son rôle consiste à ne rien négliger pour obtenir le retour à la raison de quelques-unes de ces intelligences momentanément compromises, il a comme devoir de s'efforcer à adoucir le sort de nombre de malheureux dont les facultés sont irrévocablement perdues en leur procurant la plus grande somme de bien-être, en leur accordant toutes les distractions compatibles avec leur état mental, en ayant pour eux toute la bienveillance et tous les égards que commande leur intéressante situation. Pour arriver à ce résultat, il faut, en un mot, que le médecin d'asile aime ses malades, qu'il se dévoue pour eux.

Isolement. — La séquestration dans un établissement spécial est incontestablement le moyen le plus efficace pour combattre les perturbations de l'intelligence, l'aliénation mentale sous toutes ses formes. C'est dans la plupart des cas une condition *sine qua non.* de traitement. Ce qui est esssentiel, c'est de sortir l'aliéné de sa famille dès le début de sa maladie. Maintenu au milieu des siens, il rencontre trop de causes d'excitation ; son entourage n'a bientôt plus d'action sur lui ; sa présence l'irrite ; il prend souvent en aversion les personnes qu'il chérissait le plus et devient un sujet de crainte, sinon une cause de dangers pour ceux qui l'approchent d'ordinaire. Il est non moins important de le soustraire à ses habitudes, à son genre de vie, à ses relations, et de l'éloigner des causes qui ont pu provoquer ou qui entretiennent le délire.

L'isolement, l'existence dans un milieu tout autre que celui dans lequel il vivait, produisent en général sur le malade un excellent effet dès le début. Les impressions nouvelles le rendent plus accessible aux conseils des médecins; il se laisse plus facilement guider que dans sa famille; on obtient avec moins de difficultés la soumission nécessaire à un traitement actif que l'on n'aurait pu faire accepter au dehors. Lorsque l'aliéné est agité, lorsqu'il refuse ses aliments, lorsque les idées de suicide l'obsèdent, il n'y a pas lieu d'hésiter, quelles que soient les appréhensions de la famille. L'isolement s'impose, il est indispensable, à moins que l'on ne veuille, en perdant un temps précieux, diminuer en grande partie les chances de guérison.

L'isolement doit durer en général jusqu'à la fin de la convalescence, jusqu'au moment où le malade a recouvré toute sa force morale pour lutter avec succès contre les dangers de plus d'une sorte qu'il rencontrera dès qu'il aura franchi le seuil de l'asile. Si, par exception, dans les familles aisées, il est parfois possible de rendre un aliéné à la vie commune dès qu'une amélioration notable s'est produite, par cela même qu'il est facile de le faire voyager, de le placer dans un milieu intermédiaire, de lui procurer toutes les distractions nécessaires, il n'en est plus de même de l'aliéné indigent, qui ne retrouve souvent que la misère, les privations, les mille soucis de l'existence qui souvent ont été cause d'un premier accès et entraînent souvent une rechute. Mieux vaut, dans l'intérêt de ces malades, éviter toute précipitation.

Sorties à titre d'essai. — Nous avons obtenu les meilleurs résultats des sorties à titre d'essai pendant la durée d'un mois au bénéfice de certaines aliénées chroniques devenues inoffensives ou de malades convalescentes chez lesquelles une séquestration plus prolongée aurait pu présenter des inconvénients. Toutefois, avant de prendre des mesures de ce genre, nous nous assurons que les familles sont disposées à recevoir leur malade et qu'elles sont en état de leur donner les soins et la surveillance nécessaires.

Ce n'est pas sans une réelle satisfaction que nous avons vu, dans le projet de loi adopté récemment par le Sénat, que cette mesure salutaire, aujourd'hui tolérée et mise en pratique dans certains départements, refusée et condamnée dans d'autres, sera généralisée et qu'elle restera, espérons-le, inscrite dans la loi nouvelle.

Ces sorties provisoires deviennent définitives si rien ne vient démontrer la nécessité d'une prolongation de l'isolement ; dans le cas contraire, le malade est ramené à l'asile. Pour les indigents, ce mode de procéder a le triple avantage : de laisser à un certain nombre de séquestrés la possibilité d'un retour anticipé au milieu des leurs, de permettre une réintégration facile en cas de rechute, et en troisième lieu de diminuer la dépense d'entretien qui incombe au département et à la commune.

Travail. — Après l'isolement, la ressource thérapeutique la plus puissante est sans contredit le travail. Dans le département de la Seine-Inférieure, des dépenses considérables ont été faites pour procurer aux aliénés le bénéfice de ce mode de traitement. De vastes terrains de culture ont été acquis dans ce but pour l'asile de Quatre-Mares ; ils sont largement suffisants à Saint-Yon pour y occuper les malades qui ont avantage à travailler à l'air libre et celles qui ne sauraient être utilisées ailleurs. Si, dans le service des hommes, on a construit des ateliers divers, à Saint-Yon, la distribution intérieure a permis d'y consacrer des salles spéciales, dites *ouvroirs*, où nos aliénées s'occupent à des travaux de couture. Une installation superbe, l'une des mieux disposées qui existent, est consacrée aux besoins du lessivage, du repassage, du pliage du linge ; dans ce même bâtiment ont été aménagés le vestiaire et la lingerie, où de nombreuses malades trouvent une occupation régulière, en rapport avec leur goût, leurs aptitudes et leurs habitudes dans la vie commune. Les travaux de cuisine et de propreté intérieure sont réservés à d'autres malades.

Sans faire entrer en ligne de compte, dans un rapport purement médical, les avantages matériels que les deux asiles retirent du travail des femmes, car. outre qu'elles raccommodent, entretiennent et approprient le linge des deux asiles, elles confectionnent un grand nombre de vêtements pour les hommes, tous les habillements pour femmes et tous les objets du couchage : n'examinant la question du travail qu'au point de vue du traitement, nous devons reconnaître que nos malades en retirent les meilleurs effets. Les aliénées curables y trouvent une distraction salutaire, les incurables une occupation nécessaire, indispensable. Par le travail, l'agité se calme, ses actes se régularisent : le lypémaniaque se réveille, il sort de sa torpeur, il est moins absorbé par ses idées délirantes, son attention est dirigée vers un but utile. Chez tous, les fonctions physiologiques s'exécutent avec plus de régularité. D'autre part, les aliénées occupées reçoivent une rémunération journalière à laquelle aucune ne reste indifférente. Elle constitue le pécule.

Pécule. — A l'asile de Saint-Yon, le pécule individuel, réservé jusqu'à concurrence de 15 francs, constitue la somme fixée comme masse au pécule de sortie. Au-delà de ce chiffre, l'argent est à la disposition de la malade qui, à des époques différentes de l'année, est autorisée à se procurer des friandises, café, sucre, chocolat, ou du tabac. Dans le même but, au mois d'octobre de chaque année, des marchands de la ville, choisis par l'administration, viennent installer, dans l'une des salles de l'établissement, des étalages d'objets de vêture et de toilette dont la qualité et les prix sont surveillés et contrôlés par le directeur, l'économe et les membres de la commission de surveillance. Les malades, à tour de rôle et par sections, y viennent faire leurs acquisitions et sont autorisées à dépenser leur pécule disponible. Les dépenses individuelles sont réglées par les soins de l'économat.

Presque toutes nos malades commencent par se faire une provision de café, de sucre ou de chocolat ; l'excédent est employé à l'achat d'une étoffe nécessaire au confectionnement d'une robe, d'un jupon, d'un vêtement, qu'elles bâtissent et exécutent elles-mêmes ; à se choisir un bonnet, des bas ou des souliers de fantaisie dont elles se parent les jours de fêtes, qu'elles emportent à leur sortie ou qui restent en propriété à l'asile après leur décès.

Gymnastique. — Parmi les moyens les plus propres à lutter contre certains états névropathiques, la gymnastique peut être signalée comme étant d'une utilité incontestable. Les exercices du corps étaient déjà considérés par les anciens comme exerçant une influence salutaire sur l'organisme, comme une nécessité absolue pour rétablir l'équilibre des forces de l'âme et du corps.

Aujourd'hui, la gymnastique est entrée dans la thérapeutique des affections nerveuses et y occupe sa place tout autant que dans l'éducation de la jeunesse. La faculté de mettre ce mode de traitement en pratique n'a pas été négligée lors de la construction du nouvel asile. Un magnifique pavillon a été disposé pour cet usage ; il a été muni de tous les agrès nécessaires et des appareils perfectionnés connus sous le nom d'appareils Paz, qui sont mieux appropriés aux usages des aliénées.

Un professeur se rend deux fois par semaine à l'établissement pour diriger dans ces exercices les malades les plus inertes, les lypémaniaques, les anxieuses, celles qui sont plongées dans la stupeur, quelques maniaques, des enfants arriérées et nombre de convalescentes, pour qui cette utile distraction a de l'attrait et qui les aide au retour des forces.

5

La gymnastique exerce dans certaines affections nerveuses une influence curative incontestable, et nous pourrions citer plusieurs observations où ce moyen, employé avec discernement et méthode, a été d'un grand secours. Nous avons vu des lypémaniaques dans la stupeur, inertes, se soutenant à peine, incapables de réagir, qui, conduites à la gymnastique, n'ont pas tardé à imiter leurs compagnes, à suivre leurs mouvements, à faire les mêmes exercices, et à retrouver graduellement une amélioration et la guérison.

Musique, spectacles — « Si la musique ne guérit pas, dit Esquirol, elle distrait, et par conséquent elle soulage, elle apporte quelques allégements à la douleur physique et morale. »

Aussi nos illustres prédécesseurs Parchappe et Dumesnil, de même que notre regretté maître Morel, ont-ils institué et maintenu dans les asiles de Saint-Yon et de Quatre-Mares un cours de musique, qu'ils ont à très juste titre considéré comme devant être associé à tous les autres moyens d'ordre physique et moral employés comme traitement des maladies mentales.

Le cours de musique est suivi avec assiduité par nos pensionnaires, et si les unes sont heureuses d'aller s'y distraire, les autres ne sont pas moins satisfaites d'assister aux concerts et soirées que donnent à leurs compagnes celles qui ont conservé une dose d'intelligence suffisante pour suivre les leçons du professeur.

On ne se contente pas de chanter des chœurs à Saint-Yon ; quelques-unes de nos malades étudient des petites pièces de comédie, qu'elles jouent d'une manière très satisfaisante. Un petit théâtre a été dressé dans la salle des concerts, et nous avons pu assister, il y a environ trois ans, aux débuts de cette petite troupe improvisée, peu habituée à ce genre de récréation, mais dont la bonne volonté et surtout la persévérance sont parvenues à vaincre les premières difficultés. Depuis lors, plusieurs soirées ont été données, où les parties musicale et théâtrale étaient remplies par les malades seules. Le bonheur est grand pour les acteurs lorsqu'on leur donne une pièce nouvelle à étudier et les

spectateurs sont ravis chaque fois qu'on leur annonce qu'on pré-
pare une nouvelle fête du même genre.

D'autres fois, nos malades sont conviées à assister à des réunions
semblables où la partie musicale leur est réservée, mais où les
rôles d'acteurs sont remplis par certains membres des familles
de fonctionnaires des deux établissements, qui apportent ainsi
leur tribut au soulagement de nos infortunées. Nous ne pouvons
assez les remercier tous de leur bienveillant concours. Qu'ils
nous permettent de leur manifester notre profonde gratitude
pour tout le bien qu'ils font à nos intéressantes malades.

Ces fêtes intimes sont toujours parfaitement accueillies ; tout
le monde veut y assister, et il ne se passe aucune réunion sans
que quelques malades de la section des agitées n'y prennent
part. Elles y sont calmes, leur attention est soutenue, leur attitude est correcte. Toutes savent applaudir ou rire au moment
opportun.

Promenades, jeux, lectures. — En dehors de ces distractions
trop rares pour elles, nos pensionnaires vont à la promenade et
s'amusent à jours déterminés dans l'enceinte de la propriété,
dont une notable partie est en prairie ; elles se livrent, pendant
les heures de récréation, à des jeux divers ou à la lecture. Une
bibliothèque est mise à leur disposition, et quelques-unes l'appré-
cient. De plus, des publications hebdomadaires illustrées et des
journaux de modes mis à leur disposition sont toujours accueillis
avec plaisir.

Visites. — Les visites des parents ont lieu règlementairement
deux fois par semaine ; dans la majorité des cas, elles produisent
un effet favorable sur le moral de nos malades. S'il nous arrive
parfois de les interdire pendant une période plus ou moins
longue, c'est que l'expérience de tous les jours nous a appris que,
dans certaines circonstances, les rapports des aliénés avec leur
famille ou leurs amis leur sont préjudiciables.

Exercices religieux. — Les exercices religieux des dimanches
et fêtes ont un grand attrait surtout à Saint-Yon, par ces motifs

que les femmes, plus que les hommes, se plaisent à fréquenter les offices ; que la société chorale de l'asile s'y fait entendre, et que toutes les malades y trouvent une distraction pendant ces jours de repos, qu'elles passeraient en grande partie à s'ennuyer dans leurs divisions, le mauvais temps, fréquent dans nos parages, ne permettant pas toujours les promenades en dehors des quartiers.

Agents médicaux. — Un grand nombre d'agents thérapeutiques physiques sont employés journellement dans nos asiles, et, sans passer en revue tous ceux dont nous faisons usage selon les indications spéciales, nous devons dire un mot de ceux habituellement prescrits pour combattre l'état névropathique.

Toniques. — Les toniques sont employés sous toutes les formes, sans préjudice des prescriptions alimentaires particulières, dont nous usons largement en faveur de nos femmes anémiées, convalescentes ; de nos entrantes, qui doivent parfois à des privations multiples, à des chagrins, à une alimentation insuffisante, les troubles fonctionnels et cérébraux que nous avons mission de combattre ; de nos gâteuses cachectiques, que nous devons soutenir ; de nos lypémaniaques sitiophobes, lorsque nous sommes parvenus à vaincre leurs répugnances. Il nous est donné souvent d'observer qu'un régime spécial et tonique, en rendant au malade ses forces physiques, détermine en même temps une action favorable sur son état mental.

Régime alimentaire. — L'alimentation des malades a été améliorée depuis trois ans. Nous avons pu, Monsieur le Préfet, grâce à vos encouragements, à votre appui et à la bienveillante sollicitude de la Commission et du Conseil général, apporter au régime alimentaire une modification heureuse sans augmenter la dépense d'entretien du malade indigent. La quantité de viande hebdomadaire a été augmentée, certains repas ont été plus abondamment pourvus, et, tenant compte des observations judicieues que renfermait le rapport au Conseil général de notre éminent confrère M. le Dr Fauvel, du Havre, nous avons fait consommer cette année des aliments azotés en plus grande abondance.

Alimentation forcée. — Le refus des aliments est fréquent dans le délire mélancolique et chez certains persécutés, dont les hallucinations du goût et de l'odorat pervertissent les sens ou qui s'imposent des privations volontaires sous l'impulsion de leurs idées délirantes.

Dans ces cas, et alors que par la persuasion on n'a pu vaincre les résistances qu'on oppose, que les prières ou l'intimidation n'ont amené aucun succès, l'alimentation forcée devient absolument nécessaire. Nous la pratiquons de deux manières différentes : en introduisant les aliments par la bouche au moyen d'une cuillère, en écartant bon gré mal gré les arcades dentaires, ou par la sonde œsophagienne, lorsque tous les autres moyens employés ont échoué. Nombre de malades qui se seraient laissé mourir d'inanition sont encore existantes grâce à l'usage de ce mode d'alimentation.

Balnéation. — Les deux installations balnéaires de l'Asile de Saint-Yon, l'une pour les malades pensionnaires, l'autre pour le régime commun, laissent bien loin derrière elles tout ce qui a été fait antérieurement sous ce rapport, dans nos établissements spéciaux. Des baignoires en fonte émaillée en nombre suffisant ; une piscine spacieuse où la température de l'eau peut être élevée de manière à permettre, pendant l'été l'usage des bains tempérés à nos malades ; une installation hydrothérapique complète ; une salle pour bains de vapeurs ; tout y est judicieusement disposé. De plus, dans la section des agitées, à l'infirmerie, dans les divisions des malpropres et des épileptiques sont installées des salles de bains pour les aliénées qui, pour des raions diverses, ne sauraient être conduites dans les pavillons spéciaux. Aussi faisons-nous un usage constant de cet agent si puissant de traitement pour calmer l'agitation, faciliter les excrétions de la peau et diminuer l'éréthisme nerveux. Des bains hygiéniques ou de propreté sont administrés mensuellement et parfois plus fréquemment encore à toutes nos malades à l'exception de celles qui en raison de leur état particulier sont obligées de garder le lit et qui en sont momentanément exemptées.

Noas faisons également usage des bains médicamenteux suivant les indications. Les bains de traitement sont toujours donnés à une température convenable; leur durée est variable sans dépasser, dans la majorité des cas, celle de quatre heures.

L'hydrothérapie donne toujours les meilleurs résultats. Son installation complétée depuis l'année dernière par l'addition d'une douche chaude nous mettant à même de donner des douches écossaises, alternantes ou tempérées, nous a permis d'utiliser ce traitement dans de plus vastes proportions et pendant les rigueurs de l'hiver.

Agents pharmaceutiques. — Les antispasmodiques et les révulsifs ont été administrés suivant les indications; il en a été de même de l'émétique qui rend de réels services dans certains cas déterminés.

L'hydrate de chloral et le bromure de potassium sont les agents médicamenteux dont l'usage est le plus habituel et dont les effets sont les plus constants.

Les injections hypodermiques de morphine, dont l'action sédative est si puissante, nous ont été d'une grande utilité ; leur usage est souvent nécessité par le refus que nous opposent certains malades à accepter tout autre médicament.

De tous les nouveaux hypnotiques, la paraldehyde est le seul qui ait été expérimenté à l'Asile de Saint-Yon. L'alcoolat de chloral, l'urethane, l'hypnone ont été tour à tour essayés à l'Asile de Quatre-Mares et les expériences faites par nos confrères et amis MM. les Drs Delaporte et Guyot, les études et les préparations diverses résultant des travaux et des recherches de M. Lailler, pharmacien des deux asiles, n'ont pas donné de résultats très satisfaisants, aussi n'avons-nous pas cru devoir en faire usage, rien, jusqu'ici, ne pouvant suppléer ou remplacer avec avantage marqué les hypnotiques anciens.

L'alcoolat de chloral produit des effets analogues à ceux de l'hydrate et donne les mêmes résultats. Les expériences faites avec l'uréthane ne sont pas terminées. L'hypnone a donné lieu à des remarques assez satisfaisantes comme sédatif et narcotique ; il calme l'agitation nocturne et provoque le sommeil, ainsi qu'il résulte des expériences faites à l'Asile de Quatre-Mares.

Résultats obtenus par la paraldehyde. — Dès l'année 1883 de nombreux travaux scientifiques à l'étranger, puis en France, attiraient l'attention des médecins sur un nouveau médicament hypnotique, la paraldehyde ($G^6 H^{12} O^3$) modification polymérique de l'aldehyde découvert par Weidenhack, en 1829.

Les propriétés sédatives de ce diacétal furent même tellement prônées par quelques expérimentateurs enthousiastes qu'il sembla, un moment, disputer à l'opium et au chloral leur premier rang du groupe des médicaments somnifères.

A notre tour, nous voulûmes essayer ce nouvel agent et nous soumîmes à une action méthodique un certain nombre de nos malades atteintes de diverses formes d'aliénation mentale. C'est contre les symptômes *agitation* et *insomnie* que nous l'adminis-trâmes par les voies buccale, anale et hypodermique.

Les résultats obtenus, sans être très satisfaisants, nous démontrèrent cependant que, dans quelques cas où l'administration de l'opium ou du chloral est inefficace ou impossible, il peut être utile d'essayer la paraldehyde. Il nous fut donné, en effet, de constater dans quelques cas d'agitation avec insomnie une sédation cômateuse rapide et d'une durée de quatre à cinq heures au maximum. Jamais pareille réussite n'eut lieu chez des malades chroniques avec agitation vive, et nous rencontrâmes enfin un très grand nombre de personnes absolument réfractaires au médicament. Bien plus, chez le même malade, les effets de ce même agent, aussi pur que l'on peut se le procurer en ce moment. (*Paraldehyde de Tromsdorff d'Erfurth*) aux mêmes doses ou à des doses croissantes, n'ont pas été constants et nous fûmes enfin amenés à cette conclusion qui s'accorde du reste, avec celles d'autres expérimentateurs fort nombreux depuis, à savoir que chez *les aliénés ce médicament nouveau est très inférieur à l'opium et au chloral, extrêmement infidèle et très peu puissant* puisqu'il ne paraît se rendre maître pendant quelques instants seulement que d'une agitation et d'une insomnie modérees.

Mais outre son peu d'efficacité et son inconstance notoire, les plus graves inconvénients que nous lui avons reconnus sont sa saveur brûlante qui la rend repoussante pour la plupart des malades, ainsi que l'impression extrêmement douloureuse que produit, soit son ingestion par l'estomac, soit sa diffusion dans les tissus par la voie d'injection hypodermique.

Agents mécaniques dont l'usage répond à certaines indications. — En dehors des moyens thérapeuthiques dont il vient d'être question, il en est d'autres dont l'emploi est usité pour prémunir contre eux-mêmes et contre autrui, les aliénés, dont l'agitation est parfois excessive, ceux encore dont les actes délirants sont dangereux ou qui, par suite du degré d'affaiblissement où ils sont tombés, nécessitent que l'on prenne vis-à-vis d'eux des précautions toutes particulières.

Moyens de contrainte. — Pour combattre l'agitation, il devient par moments indispensable de faire usage de moyens mécaniques de contention qui, à notre avis, sont préférables à l'intervention plus ou moins mesurée des gardiens et surveillantes. Les spécialistes anglais, et certains de nos très honorés confrères de France, prétendent qu'ils sont parvenus à supprimer totalement l'usage de la camisole et nous considérent comme des retardataires lorsque nous leur objectons que jusqu'ici rien ne nous a paru répondre plus complètement aux nécessités du service que la camisole ou ce que, dès 1866, alors que nous étions médecin adjoint à Saint-Yon, nous avons appliqué sous le nom de vêtement de contention.

Nos confrères nous assurent que dans tous les cas il leur est possible de faire maintenir les agités même pendant les journées et les nuits où leur agitation devient fureur à l'aide de l'intervention des gens de service assez nombreux pour les contenir sans les brutaliser et les empêcher de se nuire ou de nuire aux autres. On nous permettra bien de douter de ces assertions et

nous nous sommes souvent demandé où et dans quelles conditions ils recrutent un personnel assez dévoué, doué du calme, de
la patience, de toute la vertu nécessaires pour subir pendant des
journées entières les sarcasmes, les coups, les insolences dont
certains aliénés ne ménagent pas ceux qui les approchent, pour
leur éviter de se blesser, pour les prémunir contre tout danger.
Pour notre part, après avoir fait l'essai de la méthode préconisée
nous avons dû nous convaincre que rien, dans ces circonstances
n'est préférable à la chambre d'isolement et à la camisole ou au
vêtement de contention,

L'isolement des agitées dans une cellule obscure et capitonnée
produit toujours un excellent effet sédatif et les malades les
plus bruyantes. celles qui se livrent aux actes les plus désordonnés, y retrouvent en général promptement le calme. Quelques heures suffisent ordinairement pour amener ce résultat.
Jouissant alors de toute la liberté de leurs mouvements, elles
peuvent se livrer à leurs ébats et donner libre cours à la diva-
gation musculaire la plus violente.

Nous faisons toujours usage de la camisole ; mais son emploi
devient de plus en plus restreint. Nous la remplaçons par un
vêtement spécial que nous avons fait confectionner pour la première fois en 1866, qui n'a cessé d'être mis en usage à Saint-Yon
et que nous avons introduit dans les asiles dont la direction
nous a été confiée.

Dans les services de femmes, le vêtement se compose d'une
robe qui se ferme par derrière. Les manches sont garnies inté-
rieurement et un peu au-dessus du niveau des coudes d'une
lanière en fil dont une partie fait œillet au dehors en passant par
la couture interne de la manche préalablement ouverte pour lui
livrer passage. La ceinture de la robe est garnie d'une lanière
du même tissu ; celle-ci est consue sur la face interne et le pourtour antérieur du vêtement jusqu'au niveau des coutures latérales de la taille. Les extrémités libres sont passées à travers
ces ouvertures, et lorsque l'on veut utiliser ce moyen de contention pour fixer les membres ou pour empêcher que la malade se
déshabille, il suffit de passer les chefs de ruban à travers les

œillets des manches, puis de les faire pénétrer sous la robe en les repassant par les mêmes ouvertures latérales pour les réunir ensuite en arrière et les fixer au moyen d'une boucle à vis.

Les bras étant ainsi contenus à distance convenable du corps, la malade éprouve moins de fatigues qu'avec la camisole ; il lui devient impossible toutefois de frapper si elle est aggressive ; les mouvements de propulsion du bras étant limités : de grimper les murs si elle a des tendances à s'évader, attendu que les mouvements d'élévation des bras ne peuvent plus s'exécuter. Si elle a la manie de quitter ses vêtements, l'addition d'une attache à vis au niveau du cou l'en empêche. Un autre avantage de ce vêtement de contention, c'est qu'il laisse la liberté de tous les mouvements de l'avant bras et des mains, qu'il est facile à la malade de se livrer à ses travaux habituels, qu'elle peut manger seule, boire et se suffire à elle-même.

Veut-on faire usage de ce vêtement chez les agitées, il suffit de leur mettre une robe semblable dont l'extrémité des manches prolongée et fermée vient se fixer en arrière à la ceinture et à la même boucle.

Dans un service d'hommes, les manches des vestes sont garnies de la même façon, la ceinture est indépendante et le vêtement est fixé au niveau du col au moyen d'une boule à vis.

Chez quelques aliénés déchireurs, l'usage des gants en toile, fixés aux poignets, est utile ; on les enlève au moment des repas et aussitôt que les tendances destructives disparaissent. Nous avons fait confectionner aussi des robes en étoffes spéciales très solides dont les manches, les parements et les bords libres sont garnis de forte toile. Ce dernier moyen de conservation de la vêture des aliénées déchireurs est souvent insuffisant. Elles parviennent malgré tout à mettre en lambeaux les tissus les plus solides. Les chaussures de celles qui ont l'habitude ou la manie de marcher sans souliers sont confectionnées d'après un modèle spécial et munis d'une boucle à vis qui empêche la malade de se déchausser.

Quoique nous considérions comme obligatoire l'usage de ces divers moyens de contention, nous ne les mettons en pratique

que lorsqu'il y a nécessité absolue et nous pouvons espérer que
les avis et conseils que nous ne cessons de donner à nos sœurs
infirmières auront pour résultat d'en restreindre encore
l'emploi.

Les aliénées suicides sont l'objet d'une attention toute spéciale; elles sont réunies dans un quartier particulier où la
surveillance est incessante et cependant malgré toutes les précautions, il ne nous arrive que trop souvent encore d'avoir à
enregistrer un malheur contre lequel tous nos efforts sont venus
se briser.

La plaie des asiles, les gâteuses, sont de la part de l'administration l'objet d'une sollicitude constante. Les soins assidus
qu'elles réclament leur sont largement distribués et leur couchage est surveillé avec la plus grande attention. Le lit-berceau
des gâteuses du service commun se compose à Saint-Yon d'un
amas de varech recouvert d'un drap. Tous les matins, la partie
souillée est soigneusement enlevée et remplacée; elle est aussitôt
lavée, désinfectée et séchée dans un grenier spécial à air libre.
Les lits des mêmes malades pensionnaires sont garnis de matelas
ordinaires que l'on recouvre d'une toile imperméable, d'une alèze
et d'un drap.

Avant de clore ce rapport, je crois qu'il convient, Monsieur le
Préfet, de le faire suivre de quelques-unes des observations les
plus intéressantes, qui, pour la plupart ont été recueillies et
commentées pendant cette période quinquinnale par les soins de
M. le Dr Martinenq, médecin adjoint.

OBSERVATIONS

IVe Observation. — Dr L. Martinenq

**Folie à double forme intermittente précédée d'accès isolés de manie et
de mélancolie et finissant par prendre le type circulaire.**

Sommaire. — Pas de trace d'hérédité. — Premier accès de folie à l'âge de vingt et un
ans : manie durant deux mois. — Deuxième accès de folie à l'âge de trente-trois
ans : mélancolie avec stupeur de trois mois de durée. — Troisième accès de folie à
l'âge de trente-quatre ans : manie durant huit mois. — Quatrième accès de folie à
l'âge de quarante-sept ans : folie à double forme durant quinze mois (période mélancolique : huit mois ; période maniaque : sept mois). — Cinquième accès de folie à
l'âge de quarante-neuf ans : folie à double forme durant quatorze mois (période
mélancolique : quatre mois ; période maniaque : dix mois). — Intermittence de huit
mois, puis nouvel accès de folie à double forme, débutant par la période maniaque
et prenant dès lors le type circulaire. — Décès à l'âge de soixante et un ans. —
autopsie.

Mlle L. . . (Ezilda), couturière, née à Bolbec, le 24 février 1823,
est entrée à l'asile pour la première fois, le 3 mai 1844.

Les renseignements donnés à cette époque par le père de la
malade ne mentionnent pas la moindre trace d'hérédité. Nous-
même, récemment, nous sommes livré à de soigneuses investi-
gations à ce sujet et nous n'avons trouvé aucune tare héréditaire
dans la famille de Mlle L. . .

Premier accès d'aliénation. — Manie (deux mois). Les certificats
d'entrée et de vingt-quatre heures portent : (Monomanie furieuse)
« Signé : Dr Bataille » et (folie maniaque) « Signé : Parchappe. »

D'après les notes précises de Parchappe lui-même, cette
excitation maniaque avec délire général et agitation violente, a
duré deux mois sans discontinuer et la malade sort guérie le
17 juillet 1844.

Période de douze années d'état normal.

Deuxième accès d'aliénation. — *Mélancolie, stupeur (trois mois environ).* — Le 10 juin 1856, Mlle L... est réintégrée par la police de Rouen. Le certificat du Dr Dubois nous apprend que, depuis six semaines, cette demoiselle est devenue triste et mélancolique, a quitté son travail, se cachait et n'ouvrait même plus sa boutique, ne parlait plus, ne dormait plus, entendait des voix qui lui faisaient des reproches; qu'elle manifestait des idées de suicide et refusait de manger pour se laisser mourir de faim. Cet état de dépression profonde aurait eu pour cause principale l'abandon de son amant.

D'après les notes du Dr Morel, cette demi-stupeur a duré deux mois et la malade sort guérie le 22 octobre 1856.

Période de trois mois et demi d'état normal.

Troisième accès d'aliénation. — *Manie (durée huit mois).* — Le 16 janvier 1857, nouvelle réintégration avec les certificats suivants : « sous l'influence de contrariétés et de la misère, Mlle L... est devenue agitée et exaltée, d'une loquacité intarissable, pleure et manifeste des idées de persécutions de la part de ses voisins, du commissaire et de son propriétaire. » Le Dr Morel la dit furieuse par moments, agitée, ordurière, jusqu'en mai. A cette époque, une amélioration générale s'observe ; en juillet, cette amélioration est complète, et la malade sort de nouveau guérie le 12 août 1857.

Période de treize années d'état normal parfait.

Quatrième accès d'aliénation. — *Premier accès de folie à double forme (type Baillarger) : période mélancolique, huit mois ; période maniaque, sept mois; intermittence.* — Le 18 juillet 1870, après treize années d'état normal excellent, certifié par les personnes avec lesquelles Mlle L..., devenue Mme D..., a demeuré, nouvelle réintégration avec les certificats suivants : « Lypémanie, délire des persécutions, *tœdium vitœ* ; idées de suicide, tentative de pendaison, abus de liqueurs fortes, hallucinations de la vue : signé : Drs Nicolle et Morel ».

Cet état dépressif dure huit mois et fait place à un état mixte d'amélioration relative où, avec de l'affaiblissement intellectuel, on note de mauvais instincts et de l'irritabilité.

En juin 1871, Mme D. . . s'agite, devient violente et absolument délirante. Elle est d'un caractère méchant, insupportable, profère des menaces grossières et des plaintes impossibles. Cet état maniaque dure jusqu'au mois de septembre, se calme et la malade sort très améliorée le 21 novembre 1871.

Intermittence de onze mois. — Etat normal.

Cinqutème accès d'aliénation. — Deuxième accès de folie à double forme : période mélancolique, quatre mois ; période maniaque, dix mois ; intermittence. — Le 2 octobre 1872, Mme D . . . est réintégrée. Depuis huit jours, dit le Dr Nicolle, Mme D . . . est dans un état de demi stupeur ; elle ne répond que par les mots « papa, maman » à toutes les questions ; refuse tout aliment et manifeste des idées de suicide.

Cet état dure jusqu'en février 1873. De février 1873 à janvier 1874, état maniaque continu avec tous les caractères déjà notés dans les accès de manie précédents.

Série d'accès de folie à double forme et dernière intermittence de huit mois. Ici se place une période d'alternatives d'agitation et de dépression, formant des accès à deux temps successifs avec intermittence de durée variable, mais en général d'assez courte durée, parfois de quelques jours seulement. La dépression est, en général, plus longue que l'excitation et va souvent et rapidement jusqu'à la stupeur complète.

Cet état dure jusqu'en décembre 1880, époque à laquelle se place une intermittence de huit mois, pendant lesquels l'état normal se maintient très bien.

Nouvel accès de folie à double forme prenant le type circulaire continu. — En août 1881, Mme D. . . devient agitée, pousse des cris, chante et injurie tout le monde, etc.

Octobre. — Dépression subite.

Mars 1882. — L'état maniaque succède à la dépression d'une façon subite et sans la moindre intermittence ; Mégalomanie, toilettes excentriques, décorations, attitudes grotesques et déclamations tragiques, agitation extrême allant parfois jusqu'à la fureur.

15 août 1882. — Dépression stupide, mutisme, pouls petit à 70, température basse, amaigrissement et constipation opiniâtre, physionomie misérable.

5 mai 1883. — Réveil brusque de l'activité psychique et physique. Ce réveil qui grandit rapidement jusqu'à l'excitation maniaque s'opère dans l'espace d'une nuit. La malade, fort intelligente, nous raconte toutes ses impressions pendant son assoupissement. « Elle entend, voit et sent très bien, dit-elle, mais elle est dans l'impossibilité de secouer un engourdissement général qui l'opprime et l'étouffe. » Cette agitation continue dure jusqu'en septembre, c'est-à-dire 4 mois.

8 septembre 1883. — En quelques heures, Mme D. . . est plongée dans la dépression la plus profonde.

20 janvier 1884. — Réveil. Suractivité fonctionnelle générale. Agitation extrême, intelligence vive, mémoire excellente.

10 avril 1884. — Stupeur subite.

5 décembre 1884. — Passage brusque à la phase d'agitation.

26 février. — Agitation extrême, invectives grossières, chants et rires continuels.

1er mars. — La malade se plaint d'un malaise mal défini; elle reste couchée, mais l'agitation existe toujours, anorexie, vomissements bilieux.

3 mars. — L'agitation est bien moindre. Les traits de notre malade sont altérés. Elle a eu un vomissement fécaloïde qui, avec quelques douleurs qui existent dans le ventre, fait craindre une obstruction intestinale. Le ventre est souple, très peu sensible, il y a eu une petite selle hier. Le pouls est à 30, mais la température est très basse. Le traitement approprié aux circonstances n'amène aucune amélioration, et le 4 au soir, Mme D. . . meurt après avoir eu un nouveau vomissement fécaloïde et présentant une paralysie hémifaciale gauche.

L'autopsie complète, faite avec soin 24 heures après la mort, n'a révélé aucune lésion macroscopique des organes. Ceux-ci même nous ont paru remarquablement sains pour l'âge du sujet. La pie-mère seule présentait une injection assez vive et à peu près généralisée, ainsi que çà et là quelques plaques opalescentes particulièrement dans les régions temporales. Le cerveau entier pesait 1,184 grammes, l'hémisphère gauche 514 grammes, le droit 519. Il était parfaitement sain, sans la moindre lésion apparente, même vasculaire. Le bulbe et les régions où les nerfs crâniens prennent leur origine, ne nous ont offert aucune lésion appréciable à l'œil nu. Les vomissements fécaloïdes qui ont eu lieu à deux reprises avant la mort, ne peuvent s'expliquer que par un spasme de l'intestin qui, après la mort, n'a présenté aucune lésion ni aucune trace d'obstruction.

Réflections. — Cette observation offre trois périodes distinctes pendant l'évolution successive desquelles notre malade s'est montrée à nous sous trois aspects différents.

La première période (de mai 1844 à juillet 1870) est caractérisée par des accès alternatifs de manie et de dépression, très éloignés les uns des autres, ayant chacun une cause déterminante particulière, paraissant être des accès isolés de folie simple. Entre ces accès se placent, en effet, des intervalles de plusieurs années (douze à treize ans) d'état psychique normal, pendant lesquels Mlle L. . . rendue à la société, a vécu au milieu d'elle, jouissant de toutes ses facultés et ne présentant plus aucune trace de son précédant délire.

Cette première période, qui a duré vingt-six années, devrait être appelée, d'après M. J. Falret, *période de folie à double forme à longs intervalles lucides.* Mais, absolument d'accord avec notre excellent et savant maître, M. le Dr Ritti, il nous paraît peu admissible de considérer comme un élément de maladie une période de lucidité absolue qui dure douze et treize ans; tandis que nous trouvons rationnel de considérer ces accès de manie et de dépression qui se sont montrés à de si longs intervalles comme des accès isolés de folie simple, alternant de formes et sans aucun lien véritable entre eux. Nous réalisons alors parfaitement le type de cette forme très nette, décrite par M. le Dr Ritti, dans son remarquable *Tvaité clinique de la folie à double forme* (p. 193) et si justement appelé par cet auteur : *folie périodique à formes alternes.*

La deuxième période (juillet 1870 à août 1881) a duré dix années. Elle se caractérise par une série d'accès de folie à double forme telle que l'a décrite M. Baillarger, c'est-à-dire se conposant de deux éléments; je dirais volontiers de deux temps successifs ; excitation et dépression. Ces accès étaient séparés entre eux par des intermittences de lucidité dont la durée va en décroissant avec le temps.

A mesure que la durée de l'intermittence décroît, celle du temps de l'accès augmente. Peu à peu, cette intermittence disparaît et une troisième période commence. C'est la période de la folie circulaire continue, qui se caractérise par une succession non interrompue d'accès à deux temps. C'est la période terminale ou de chronicité.

L'évolution en trois stades de ce genre de psychose périodique auquel on a donné le nom général de folie à délires alternes n'est pas très rare et l'on peut classer en deux groupes cliniques les observations de folie à double forme et circulaire, publiées jusqu'à ce jour.

1° Le premier groupe contient les cas dans lesquels on voit la maladie mentale faire irruption au milieu de la vie, jusque-là normale de l'individu, et débuter franchement par la folie à double forme ou même d'emblée par la folie circulaire;

2° Le second contient les cas où l'affection mentale, procédant lentement, révêt successivement deux et souvent trois formes différentes. En premier lieu, la folie périodique à formes alternes à accès semblables, premier stade de duree souvent fort longue, constitué par une série d'accès de folie simple survenant à des intervalles indéterminés pendant lesquels l'état psychique est normal. En second lieu, la folie à double forme et enfin la folie circulaire avec absence complète d'intermittences de lucidité.

Au premier abord, on pourrrit croire que cette différence d'évolution de la psychose périodique n'a que peu d'impor-

6

tance. Tel n'est pas notre avis, et nous avons la conviction que cette différence d'évolution répond à une différence étiologique remarquable. Nous pensons, en effet, en nous fondant sur l'examen attentif de nombreuses observations, que cette différence d'évolution répond à l'existence ou à l'absence de prédisposition héréditaire véritablement établie et scientifiquement reconnue.

Si l'on étudie avec soin, en effet, les nombreuses observations de folie à double forme publiées jusqu'à ce jour, on voit que tous les cas où l'hérédité est constatée, se rangent par leur évolution dans le premier groupe clinique que nous venons d'établir. Ce sont d'emblée des folies à double forme ou même circulaires.

Mais il est des cas très peu nombreux, il est vrai, 6 pour 31 d'après le Dr Ritti (*Traité clinique de la folie à double forme*) (page 271), où il n'y a pas trace d'hérédité. Or, l'examen attentif de ces cas les range tous dans notre second groupe clinique ; et, comme dans notre observation qui, dans l'espèce, peut être considérée comme un type, ils débutent par une longue période en quelque sorte prodromique, où l'on voit se produire de temps en temps des accès isolés de folie simple à formes alternes et quelquefois semblables. C'est de ce fait d'observation que nous avons tiré les conclusions suivantes :

1° Chez l'héréditaire, la folie à double forme débute d'une façon brusque et franche. Elle arrive même souvent d'emblée à la forme ultime et chronique qui est la folie circulaire ;

2° Chez les individus exempts d'hérédité, la folie, avant de présenter les caractères de la folie à double forme, offre à l'observation une période initiale d'accès isolés et indépendants de folie simple à formes alternes ou même semblables.

Cette série d'accès de folie simple peut être considérée comme le choc cérébral primitif qui, remplaçant la prédisposition héréditaire fait acquérir à l'individu, pour me servir des expressions mêmes du regretté Lasègue, « la diathèse morbide », laquelle, sollicitée un jour ou l'autre par des causes occasionnelles diverses, amènera enfin les troubles psychiques permanents de la folie à double forme et circulaire.

OBSERVATION V — Dr L. MARTINENQ

Automutilations répétées chez une mélancolique.

SOMMAIRE. — Violent accès de folie hallucinatoire avec tentative de suicide et automutilations réitérées chez une femme profondément anémiée par des couches répétées
et des lactations prolongées. — Absence d'hérédité. — Guérison.

Mme M... est une femme de trente-cinq ans, d'un tempérament lymphatico-nerveux, d'une constitution d'apparence assez
bonne, n'ayant été pendant sa jeunesse atteinte d'aucune affection offrant quelque gravité. Aucun antécédant héréditaire n'est
à noter.

Mariée à vingt-deux ans, elle eut, une année après, un premier enfant qu'elle allaita deux années entières. — En 1877,
deux ans après avoir terminé le long allaitement de son premier
enfant, elle en eut un second qu'elle allaita pendant dix-huit
mois. Cet enfant, d'un naturel chagrin et difficile, occasionna
longtemps à la mère de nombreux tourments et de grandes
fatigues. Malgré tout cela, Mme M... ne présenta jamais rien de
particulier, ni dans son caractère, ni dans ses allures habituelles
et ne cessa pas un seul instant de s'occuper en bonne et intelligente mère de famille, de ses enfants et de son ménage.
Cependant quelques troubles dyspeptiques se montrèrent à ce
moment et furent traités pendant quelque temps, sur l'avis du
médecin, par un régime tonique et réconfortant.

En 1881, un troisième enfant survint, et, comme le premier,
il fut allaité pendant deux années consécutives. Cet enfant offrit
également beaucoup de difficultés à s'élever, et eut, en même
temps que le second, la gourme et d'autres manifestations impé-
tigineuses du jeune âge qui suscitèrent à la mère, pendant de
longs mois, beaucoup d'ennuis et de tourments.

En mai 1883, Mme M... sevra son enfant; mais ces allaitements
répétés et si prolongés, ces fatigues physiques et morales si vives
l'avaient profondément débilitée, et on la vit devenir peu à peu
apathique, lasse de tout, et souvent absorbée par une tristesse

non motivée. A ce moment même, une maladie de son mari fut chez notre malade, la cause immédiate d'une profonde mélancolie qui l'envahit entièrement et la rendit sombre, taciturne et abattue. Cet état mélancolique s'accentua de jour en jour ; elle ne cessait de déplorer des faits malheureux de sa jeunesse, manifestant d'innombrables craintes non motivées au sujet d'une sœur mariée et qu'elle disait ne pas devoir être heureuse, se faisant mille idées noires, bizarres, et se perdant en conjectures malheureuses sur l'état et l'avenir de tous les siens, recherchant même avec une tenacité maladive dans toutes ses conversations et ses lectures, les histoires et les faits divers tristes, tels qu'accidents, morts violentes, noyades, etc..., abandonnant enfin toute gaîté et se confinant dans un cercle étroit de préoccupations imaginaires tristes et désolantes.

Vers la fin de décembre 1883, cet état était à son comble et la malade ne pensant plus qu'à la mort et à celle des siens, fit appeler un prêtre à qui elle confia toutes ses idées maladives en se confessant et se préparant à la mort qu'elle désirait ardemment.

L'anémie, depuis plusieurs jours, avait fait de très grands progrès et l'obligeait souvent à garder le lit. Le traitement tonique, autrefois ordonné par le médecin, n'avait été qu'imparfaitement exécuté et même vite abandonné. La menstruation très irrégulière d'abord était presque tout à fait supprimée et une leucorrhée abondante, accompagnée de douleurs gastriques et de phénomènes nerveux divers, témoignaient d'un état de débilitation déjà profonde de l'économie tout entière.

En janvier 1884, cet état se maintint sans changement notable ; malgré un traitement fortifiant prescrit et à peu près régulièrement suivi. Elle parla un jour de suicide à son mari, et son attention se portait d'une façon remarquable, en lisant les journaux, sur les accidents malheureux et les suicides qui y étaient relatés. Mme M... était cependant calme, mais absorbée et très préoccupée. Un grand orage se préparait.

Le *1er février*, dans la journée, Mme M..., ordinairement douce et bonne pour ses enfants, se mit à les gourmander subitement, et cela d'une façon fébrile, comme sous le coup d'une surexcitation morbide. Le soir, au moment de se coucher et à moitié deshabillée, elle ouvre tout-à-coup la porte de la chambre où son mari était déjà couché et s'enfuit en lui criant d'un ton bref et lamentable : « Adieu! »....... Le mari se lève d'un bond, lui court après et la rejoint au bas des escaliers, en train d'avaler une boîte de pilules d'opium. Il lui arrache la boîte des mains et la ramène, moitié de gré, moitié de force dans sa chambre où il la garde à vue, tout en lui prodiguant toute sorte de soins et d'exhortations. La malade paraît se calmer un peu, et la journée du 2 février se passe sur le qui-vive, mais assez tranquillement. La surveillance la plus étroite est exercée sur elle. Elle s'en aperçoit et se plaint amèrement en protestant de ses remords et de ses bonnes intentions pour l'avenir, traitant elle-même de folie ses actes de la veille. Mais ces protestations ne sont que ruses ; car le soir même, à la nuit, elle s'échappe par la porte du jardin, dans l'intention d'aller se jeter à la Seine, et ce n'est qu'après une lutte corps à corps, livrée dans un chemin désert qui borde l'habitation, que le mari parvient, avec quelques voisins accourus à ses cris désespérés, à ramener la malheureuse Mme M... chez elle.

Mais le 3 février, au matin, l'exaspération mentale se porte subitement à son comble. Mme M... se livre à toute sorte d'actes désordonnés. Le mari sort alors un moment pour aller chercher un médecin, non sans l'avoir recommandée à l'étroite surveillance d'une domestique. A peine dans la cour, il aperçoit sa femme au sommet du toit, les cheveux en désordre, les yeux hagards et les vêtements retroussés. Elle tient à la main gauche un grand compas de géomètre à pointe extrêmement aiguë, dont elle se frappe avec violence et rage le côté gauche. Grâce à l'arrivée d'un poste voisin, on parvient à s'emparer de la malheureuse et on la conduit immédiatement à l'asile.

A son arrivée à l'asile, Mme M... est calme et abattue, mais absolument délirante; elle s'accuse des plus grands crimes, se désole et manifeste d'une façon incessante des hallucinations terrifiantes de l'ouïe et de la vue. Elle voit passer devant ses yeux des cadavres d'enfants, elle reconnaît les siens, c'est elle qui les a tués, elle entend les cris dechirants de ces malheureuses petites victimes, elle voit sans cesse comme une procession de cercueils, ce sont les cercueils de ses victimes, et elle ne cesse de pleurer et de se désoler en s'écriant : « Mon Dieu, faites-moi donc mourir ! Je les ai tous tués ! voilà mes victimes ! Je les entends tomber les uns après les autres ! »... Puis, après un moment de silence, elle reprend en sanglottant : « En voilà encore un ! oh, je suis une criminelle sans pareille ! C'est moi qui les ai tous tués ! oui, tous ! Je les vois et les entends tomber ! Oh ! c'est affreux, c'est terrible ! Je suis une femme indigne de tous, indigne de vivre, je veux mourir !... » De temps en temps quelques moments d'accalmie s'établissent, mais les illusions et les hallucinations vont bon train, les illusions surtout dominent la scène. Il lui semble que tout le monde la nargue et ricane d'elle ; elle voit les figures qui l'environnent, changer et rire d'elle, elle entend ceux qui l'entourent lui répéter qu'elle est indigne... etc,

Du reste, les renseignements que nous avons obtenus de la malade elle-même après sa guérison, nous ont appris que les illusions et les hallucinations de l'ouïe et de la vue ont été les premiers phénomènes qui se sont montrés. Depuis quelques jours, nous dit-elle, quand elle a attenté à sa vie, ces illusions et ces hallucinations la tourmentaient par intervalles et devenaient peu à peu plus fréquentes et plus vives. Elle entendait, par exemple, sous ses fenêtres, des gens qui « jouaient des airs religieux pour la narguer », elle voyait toutes les personnes qui l'entouraient lui faire des grimaces et se moquer d'elle de mille façons. Il lui semblait que les objets qui étaient autour d'elle remuaient, tournaient et grandissaient. Enfin, ajoute-t-elle, elle avait constamment dans la tête une sensation de vacuité qui la rendait toute drôle.

L'examen de l'hypocondre gauche, nous montre à cinq travers de doigts de la ligne médiane, et à deux centimètres en-dessous de la dernière grande côte, une petite plaie triangulaire par où a pénétré la pointe du compas. Cette pointe a pénétré en entier dans l'abdomen, d'avant en arrière, et la petite vis qui la devait retenir au corps du compas venant à manquer, elle y est resté fixée profondément. La malade, dans sa fureur de se détruire, a même, à plusieurs reprises, avec sa main, refoulé plus profndément cette pointe d'acier, de sorte que la palpation nous en a fait découvrir l'extrémité antérieure en-dessous de la paroi abdominale, à plusieurs centimètres en-dedans de l'orifice d'entrée.

Aucune réaction physiologique n'est le résultat de ce traumatisme. La malade n'a pas de fièvre, le ventre est indolore, les mouvements même que l'on imprime à la pointe avec les doigts n'occasionnent aucune douleur, l'analgésie est remarquable et cependant la peur d'une douleur possible persiste chez notre malade qui nous prie instamment de l'endormir pour ne pas la faire souffrir en pratiquant l'extraction de la pointe d'acier. Du reste, une investigation minutieuse ne nous fait découvrir, sur la surface du corps, aucune région dépourvue de sa sensibilité normale.

Enfin, la décoloration très prononcée des muqueuses, de nombreux troubles de la nutrition et de l'innervation, en même temps qu'un souffle doux caracteristique très manifeste au premier bruit du cœur et à la base coexistant avec un retentissement particulier des bruits du cœur, nous font acquérir la conviction que Mme M... est sous le coup d'une profonde anémie.

Traitement : Immobilité, chloral et morphine, alimentation au lait et au bouillon froid.

4 février. — La malade est assez calme, et soumise à une surveillance très étroite, le délire offre les mêmes caractères.

5 février. — Dans la nuit, vers quatre heures du matin, après plusieurs heures de tranquillité, survient d'une façon soudaine un accès de délire des plus violents, sous l'influence duquel Mme M..., rapide comme l'éclair et prévenant tout secours, par une dextérité incroyable, se plonge les doigts dans les orbites pour s'arracher les yeux. On se précipite sur elle ; mais, hélas ! on ne parvient à lui sauver que l'œil gauche qui a même subi de graves atteintes. La capsule est déchirée à sa partie inférieure, l'œil est projeté en dehors et en haut, le muscle droit inférieur est déchiré en deux tronçons, dont un fait entièrement saillie à l'extérieur. Le globe oculaire droit est totalement extirpé et a roulé sous un lit voisin ; il a amené avec lui deux centimètres et demi de nerf optique enveloppé de sa gaine. La plaie est très nette et à peine saignante, la malade ne manifeste pas la moindre douleur, toute absorbée qu'elle est par son violent délire où prédominent des idées de culpabilité, de damnation éternelle et d'indignité religieuse. Elle ne cesse de sangloter, elle ne veut plus voir son mari et ses enfants dont elle est indigne et pour qui elle est un objet de répulsion et de honte éternelle, et si la camisole ne l'empêchait d'agir, elle compléterait sûrement son horrible mutilation.

Le globe oculaire gauche, après résection du lambeau de muscle dilacéré est refoulé dans la capsule et retenu en place par les paupières maintenues hermétiquement fermées. Des compresses d'eau fraîche fréquemment renouvelées complètent ce pansement par occlusion. Dans la journée, vers midi, un léger mouvement de fièvre s'annonce, et le soir, le pouls est à 120, la température est à 38°5, pas de selles depuis son entrée, urines rares.

Traitement : Laxatif léger, lait et bouillon froids, vin de Lunel au quinquina.

6 février. — Température, 38°9 ; pouls, 104. Aucune réaction inflammatoire dans l'abdomen, la plaie de l'œil droit est dans un état parfait et n'offre pas la moindre suppuration. A gauche, la tension intra-oculaire est notablement augmentée. La vision quoique troublée existe, la malade distingue les objets et compte les doigts. L'examen à l'ophtalmoscope nous révèle dans le fond de l'œil une hémorrhagie sous-rétinienne, occupant environ les 4/5 de la pupille. Cette hémorrhagie est formée de trois caillots très rapprochés les uns des autres et occupant les régions supérieure, interne et inférieure de la pupille. Les deux premiers sont noirâtres, le troisième rouge clair. Les autres régions du fond de l'œil sont saines. Le délire ne cesse pas et, par moment, se montrent des paroxysmes d'une extrême violence.

7 février. — Le matin, le pouls est à 92, la température à 38°5, la nuit a été bonne, les accès de délire n'ont pas reparu et ont permis du repos et du sommeil même.

Le soir, la température à 38°8, le pouls à 104. La malade n'éprouve aucune douleur et reste immobile et toujours absorbée.

8 février. — Matin, pouls, 94 ; température vaginale, 39°. A la suite d'un lavement purgatif, selle abondante. Vers trois heures de l'après-midi, deux ou trois vomissements verdâtres. Ventre souple et indolore même à la palpation, un peu d'empâtement circonscrit autour du corps étranger, Soir, pouls, 106 ; température, 38°8.

9 février. — Dans la matinée un vomissement vert, léger balonnement du ventre. Les yeux vont très bien. Pouls, 90 ; température, 38°5. Délire sans changement, pleurs et sanglots continuels.

10 au 15 février. — Amélioration générale progressive dans l'état physique. L'examen ophtalmoscopique de l'œil montre les caillots en bonne voie de résorption et permettent peu à peu à la vision d'être plus nette et plus complète. Le délire n'est plus si violent mais les hallucinations sont à peu près aussi vives.

16 février. — Anesthésie au chloroforme et extraction de la pointe d'acier par une ouverture en boutonnière pratiquée à la paroi abdominale et mesurant environ 3 centimètres.

Cette pointe longue de 9 centimètres 1/2 était fixée au milieu des organes intestinaux d'avant en arrière, et offre à sa sortie des traces d'un travail d'enkystement crétacé enveloppé d'une sorte de gangue fibreuse d'où il a fallu un certain effort pour l'extraire. La plaie est immédiatement fermée par deux points de suture et du diachilon. Des applications froides sont faites sur l'abdomen. Un lavement opiacé est administré et la malade passe une bonne journée et une bonne nuit.

17 février. — Léger mouvement fébrile. Pouls, 104 ; température, 38°9 ; le matin, 39°2 ; le soir pas de selles. Immobilité. Lait et bouillon froids, vin de Lunel au quinquina.

20 février. — Depuis quelques jours, les paroxysmes délirants avaient disparu, le délire ne se manifestait plus que par des pleurs, des sanglots et un désespoir à peu près muet, quand tout à coup, avec cette soudaineté qui a déjà caractérisé les premières mutilations, la malade se retourne dans sa camisole, se secoue sur son lit comme sous le coup de convulsions cloniques, cherchant à se briser la tête contre le lit ou le mur voisin. L'impossibilité dans laquelle elle se trouve de parvenir à ses fins paraît rendre plus violent encore le paroxysme de rage automutilatrice qui s'est emparée d'elle, et, faute de mieux, elle se mord avec fureur les lèvres. Nous constatons, en effet, quelques instants après l'apaisement de cet accès, que les deux lèvres sont traversées de part en part par les dents et, si quelques-unes de ces dernières n'avaient pas été absentes, évidemment les deux lambeaux eussent été détachés entièrement. Cette nouvelle mutilation opérée le matin vers huit heures, n'influe en rien sur l'état général de la malade, dont toutes les plaies s'améliorent et d'une façon même surprenante. Régime tonique et très réconfortant aidé de l'hydrothérapie.

24 février. — Calme et beaucoup moins tourmentée, repos la nuit, état général très satisfaisant.

28 février. — L'amélioration s'accentue tous les jours, la plaie abdominale est absolument guérie et les fonctions intestinales rétablies. La plaie de l'orbite est également guérie, l'œil gauche a repris à peu près sa place exacte et sa position normale. Il jouit de tous ses mouvements d'une façon parfaite. Les mouvements d'oscillation de haut en bas seuls ne sont pas absolument complets, et l'axe visuel ne peut être porté tout à fait en bas sans le secours d'une flexion de la tête. Les caillots hémorrhagiques de la pupille se sont presque entièrement résorbés. La vision est excellente.

L'état mental est amélioré également. Le délire est tout à fait calme, les hallucinations ont disparu, et il ne reste plus qu'un état lypémaniaque sans agitation , avec torpeur cérébrale et quelques idées de culpabilité et d'indignité. La malade n'est plus aussi attachée à ses conceptions délirantes, elle écoute avec docilité et résignation les exhortations qu'on lui prodigue, et répond parfois avec beaucoup de raison et de bon sens.

15 mars. — Etat général excellent. La malade se lève, s'alimente volontairement très bien, s'occupe à lire, à coudre et au ménage ; la surveillance la plus étroite ne cesse cependant pas autour d'elle ; le fond de l'œil va très bien, les caillots sont entièrement résorbés, il ne reste plus qu'un petit foyer noirâtre, à cheval sur la partie supérieure et interne de la circonférence de la puplle, mésurant environ cinq millimètres de longueur et provenant d'un amas d'hématine, résidu d'un caillot résorbé. Ce foyer ne gène pas la vision qui est parfaite, mais suscite néanmoins une sensation objective permanente durant le jour, qui est celle d'un petit croissant noir et fixe.

1er avril. — Mme M... va très bien, le délire a disparu, les facultés intellectuelles reprennent leur jeu normal et les sentiments affectifs, si profondément pervertis, reprennent peu à peu toute leur vivacité. Elle reçoit avec plaisir son mari et ses enfants qu'elle a elle-même appelés auprès d'elle ; elle est gaie et a conscience de son état antérieur. Cet état d'amélioration considérable de l'état mental est parallèle à une amélioration identique dans l'état physique.

Mai. — Continuation de cet état d'amélioration progressive générale ; la guérison est décidément très prochaine.

19 juin 1884. — Mme M... sort entièrement guérie de son affection mentale et dans un état de santé physique excellent ; l'œil extirpé est remplacé par un œil de verre.

Remarques. — De tous les cas d'automutilation publiés jusqu'ici en France et à l'étranger, celui-ci est assurément un des plus curieux, tant au point de vue psychologique qu'au point de vue physiologique et chirurgical. Au point de vue psycholo-

gique, il nous montre la misère physiologique, *l'anémie*, survenue a la suite de nombreuses causes de débilitation, telles
que les lactations très prolongées et répétées, et les fatigues
physiques et morales multipliées, occasionner chez un sujet,
indemne de toute tare cérébrale, une explosion soudaine d'aliénation mentale caractérisée par un état d'anxiété lypemaniaque
avec illusions et hallucinations de l'ouïe, et de la vue incessantes,
un délire excessivement intense et continu où prédominent des
obsessions de culpabilité criminelle et d'indignité sociale et
religieuse, un état de perturbation nerveuse extrême, manifesté
par de l'analgésie et divers troubles sensoriels, enfin de fré-
quents accès d'impulsivité automutilatrice terriblement dangereuse.

Nous considérons ce point de vue étiologique comme très
important, car nous avons remarqué l'extrême fréquence de ce
facteur, *la misère physiologique*, comme cause immédiate du
délire dépressif dont l'automutilation est souvent un symptôme.
Or, dans le cas type dont nous venons de donner l'observation,
il n'est pas douteux que ce soit là la véritable cause de l'accès
d'aliénatiou mentale auquel nous avons assisté. Ce fait se trouve
absolument établi par les renseignements précis donnés par le
mari de notre malade, homme lettré et très intelligent, ainsi que
par la marehe et la terminaison de l'affection mentale que nous
avons vu disparaître à mesure qu'une santé physique excellente
venait peu à peu remplacer l'état d'anémie et de débilitation
profonde du début. *Sublatà causà, tollitur effectus*, dit un vieil
aphorisme auquel, dans le cas actuel, nous pouvons ajouter
celui-ci : *Sanguis moderator nervorum.*

Remarquons, toutefois, que c'est grâce à l'absence d'hérédité
cérébrale que nous devons certainement un succès si rapide, si
complet et nous l'espérons si durable.

Au point de vue chirurgical, le cas est réellement surprenant.
En premier lieu, la pointe d'acier de neuf centimètres et demi
est restée plongée au milieu des organes intestinaux pendant
quatorze jours sans provoquer la moindre gêne, sans amener la
moindre réaction inflammatoire. Cette pointe a été extraite par

une plaie abdominale intéressant toute l'épaisseur de la paroi et le péritoine, et qui s'est renfermée par première intention en très peu de temps sans le moindre accident. En second lieu, la cavité orbitaire droite dont l'œil a été violemment arraché avec les doigts, s'est guérie tout naturellement sans suppuration et sous le pansement le plus simple, en même temps que le globe oculaire gauche délacéré par les ongles de la malade qui ont pénétré en-dessous dans la capsule et sectionné le muscle droit inférieur, remis en place et maintenu simplement par l'occlusion des paupières, se guérissait également avec une rapidité et une facilité extrêmes comme les plaies des lèvres, de sorte qu'en moins de vingt jours la malade se trouvait entièrement guérie de ses nombreuses mutilations.

OBSERVATION VI — Dr L. MARTINENQ

Cas d'apoplexie hystérique avec autopsie.

SOMMAIRE. — Accès répétés de folie hystérique avec impulsions violentes, actes dangereux. — Dernier accès en 1878. — Anesthésie. — Automutilation après une période d'agitation maniaque violente, rémission. — Amblyopie. — Attaque d'apoplexie cérébrale : hémiplégie accompagnée d'hémianesthésie sensitivo-sensorielle et de paralysie hémifaciale. — Disparition de tous ces symptômes après un mois. — Morte d'une attaque un an après. — Autopsie : pas de traces de congestion ou d'hémorrhagie ancienne ou récente, dans le cerveau.

Mlle J..., couturière, née à Neufchâtel, en avril 1842, entre à l'Asile de Saint-Yon en novembre 1875, venant de l'Asile Sainte-Anne, à Paris.

Pour la seconde fois depuis l'âge de 20 ans, elle est atteinte d'aliénation mentale caractérisée par un état maniaque avec délire général, idées de persécution, illusions et hallucinations de tous les sens, accès de violence et de fureur avec impulsions dangereuses, tremblement de la langue et des mains, céphalalgies et surexcitabilité extrême. (Dr Lucas et Dr Rousselin).

Des renseignements fournis par la mère nous apprennent que la malade est exempte de véritables antécédents héréditaires, mais a toujours été d'un caractère fantasque, bizarre et exalté, surtout depuis l'établissement de la menstruation. Depuis quelques années même, celle-ci provoque tous les mois une éxagération de cette irritabllité naturelle.

Cet état maniaque s'amende peu à peu et la malade sort très améliorée au mois de mars 1877.

Le 16 mai 1878, J... est réintégrée à l'asile dans un nouvel état maniaque violent avec délire mystique, idées de persécutions et hallucinations de tous les sens. A cette époque, le Docteur Corréa certifie que la folie de J... n'est pas alcoolique, et le Docteur Rousselin pose le véritable diagnostic en affirmant dans son certificat de vingt-quatre heures (17 mai 1878), que J... est atteinte de « folie hystérique maniaque avec agitation et violence. »

Jusqu'au mois d'avril 1882, cet état maniaque continue sans changement notable. De temps en temps, une courte période d'accalmie s'établit, puis l'excitation reparaît avec les mêmes caractères et la même intensité qu'auparavant. Pendant ces accès les troubles de la sensibilité dominent la scène et alimentent à chaque instant le délire, provoquant souvent des impulsions dangereuses pour la malade elle-même et pour son entourage. C'est ainsi qu'un jour elle se coupe les deux tiers du lobule de l'oreille gauche, sous prétexte de se l'arrondir. Grâce à l'anesthésie de la région, cette automutilation ne provoque aucune douleur.

Au mois d'avril 1882, époque où nous sommes appelé à lui donner nos soins, nous trouvons J... assez calme, mais d'une irritabilité excessive, d'un caractère violent, acariâtre et méchante. Elle ne peut rester dans une salle sans se disputer et se battre, même sans raison, avec ses compagnes qu'elle accuse de lui nuire et de la dénigrer par derrière. Elle est astucieuse, menteuse, ingénieuse pour le mal et la médisance, dissimulée, querelleuse, fourbe et comédienne. C'est, en un mot, le type complet du caractère hystérique, porté à l'extrême. A chaque instant on est forcé de la changer de quartier, elle prend aussitôt son entourage en grippe, et de guerre lasse, autant pour sa tranquillité que pour celle de tout le monde, on finit par lui assigner une cellule où elle va s'installer volonters. Cet isolement réussit parfaitement. Un calme à peu près raisonnable règne pendant environ cinq mois, de juillet à décembre 1882, époque où, sans cause appréciable, et à l'occasion de la menstruation, éclate un nouvel accès d'agitation maniaque très intense.

J... n'est plus tenable qu'en cellule capitonnée; elle est d'une violence inouïe, ordurière, dangereuse, se déshabille et déchire ses vêtements, vocifère d'une façon incohérente, menace, chante et se démène jour et nuit ; sa couche vole en éclats; la zostère qui la garnit jonche le parquet. Souvent nous la trouvons absolument nue, se roulant par terre, chantant romances et cantiques, riant et gesticulant, ou bien étendue sur le dos, rigide et immobile des heures entières sur un lit de varech, les mains jointes ou croisées sur la poitrine dans l'attitude d'une morte. Elle joue à la sainte.

En fait de traitement, il est inutile de penser à un autre qu'à l'isolement et l'obscurité, car elle refuse violemment tout ce qu'on lui présente et personne ne peut l'approcher sans la mettre dans une extrême fureur. Cet état, entrecoupé çà et là de quelques courtes périodes de calme relatif, dure jusqu'au mois d'août 1883.

Vers cette époque, le calme s'établit progressivement. Les fonctions se régularisent, J... s'occupe raisonnablement à la couture dans sa cellule, qu'elle a convertie en chambre et qu'elle entretient propre et en bon ordre. Le délire a disparu, le caractère même est meilleur. J... vit en assez bonne intelligence avec son entourage. En même temps la santé physique est devenue meilleure, les troubles sensoriels ont disparu, la vue seule est modifié. Ce trouble de la vue est dû à de l'amblyopie, ainsi qu'à des contractures et à des dilatations successives et inégales des pupilles. Par moment, l'amblyopie est telle qu'elle empêche tout travail. Le traitement par les bromures la morphine et l'hydrothérapie améliore cet état.

En octobre 1884, au milieu de cette amélioration générale et sans autre phénomène prodromique qu'une légère hémicrânie avec exagération de l'amblyopie, J... présente un matin tous les symptômes d'une attaque d'apoplexie cérébrale, à savoir :

hémiplégie presque complète, accompagnée d'hémianesthésie sensitivo-sensorielle et de légère contracture principalement au bras, paralysie hémifaciale incomplète du même côté que l'hémiplégie avec inégalité pupillaire et aphasie. L'intelligence est intacte, la conscience entière.

Il est bon de noter ici l'existence de la paralysie hémifaciale qui, n'accompagne que très rarement l'hémiplégie hystérique. C'est dans le cas présent une analogie de plus avec l'apoplexie cérébrale par cause de lésion organique localisée.

Au bout de huit jours, l'hémiplégie a disparu, la sensibilité est revenue, de la paralysie hémifaciale, il ne reste plus qu'un peu de distorsion de la bouche, à l'aphasie a succédé un embarras de la parole remarquablement semblable à celui de la paralysie générale, l'inégalité pupillaire et l'amblyopie persistent, l'intelligence est nette, la malade cause raisonnablement, mange et dort bien.

Un mois après tout est rentré dans l'ordre, mais l'inégalité pupillaire et un léger embarras de la parole persistent. L'état mental et l'état physique se maintiennent ainsi très satisfaisants jusqu'au mois de janvier 1886.

Le 6 janvier 1886, J... a une légère bronchite avec embarras gastrique. Elle est placée à l'infirmerie, et le 10 va très bien, s'occupe avec raison et gaieté, ne se plaint de nulle part, s'alimente bien et cause avec intelligence.

Le 11, après une excellente journée, pendant laquelle elle n'accuse aucun malaise, J... est prise subitement, à neuf heures du soir, d'un engourdissement général avec oppression cardiaque, constriction au creux épigastrique et état syncopal. Elle s'affaisse sans proférer une parole et meurt vers onze heures dans un coma apoplectique.

Autopsie. — Vingt-quatre heures après la mort.

Encéphale. — L'examen attentif et à la loupe de toutes les parties du cerveau et de ses enveloppes, ne révèle aucune lésion appréciable, autre qu'un léger épaississement avec demi-opacité et trainées laiteuses le long des vaisseaux, dans les parties de la pie-mère qui recouvrent les régions motrices, surtout à droite. A part cela, pas la moindre trace de congestion ou d'hémorrhagie ancienne ou récente, les vaisseaux sont partout en parfait état, il n'existe aucune adhérence pathologique.

Les circonvolutions cérébrales sont remarquablement développées et saines. Le cerveau pèse 1,292 grammes, qui se répartissent ainsi : hémisphère gauche, 552 ; hémisphère droit, 565 ; bulbe et protubérance, 24 ; cervelet, 151.

De nombreuses coupes faites avec soin, suivant la méthode de Pitres, nous montrent la couche corticale partout normale comme épaisseur, comme coloration et comme consistance, la substance blanche et les noyaux centraux dans un parfait état, enfin, la protubérance, le bulbe et le cervelet dans un état irréprochable.

Poumons. — A l'ouverture des plèvres, il s'écoule environ 250 grammes d'un liquide clair et citrin. On note quelques adhérences pleurales et pleuro-costales, au sommet gauche principalement. Il existe aux deux sommets quelques amas superficiels de tubercules fibreux et crétacés avec induration fibreuse du parenchyme pulmonaire sous jacent. Cette lésion ancienne et silencieuse affecte surtout le sommet du poumon gauche. Les autres parties sont absolument saines.

Le cœur, le foie, la rate, le pancréas et les reins n'offrent rien de particulier.

Réflexions. — En face des résultats négatifs de cette autopsie, l'hystérie étant hors de doute d'une part, et de l'autre la nature apoplectique des phénomènes paralytiques survenus chez J... étant bien établie, ne sommes-nous pas en droit de qualifier d'apoplexie le cas que nous venons de relater !

Voilà donc un fait de plus à l'appui de l'opinion, souvent émise par de nombreuses observations, sur la nature essentiellement dynamique, des phénomènes paralytiques que l'on observe dans certaines névroses et en particulier dans l'hystérie.

Il est évidemment fort surprenant de voir des phénomènes

7

identiques reconnaître pour cause des altérations nerveuses, d'une part facilement palpables, comme les liens organiques en foyer et d'autre part, imperceptibles et insaisissables.

Mais en attendant que le microscope ou l'histochimie ait révélé la véritable cause de cette perturbation fonctionnelle du système nerveux, force nous est bien de nous contenter de l'explication timide par l'altération dynamique d'un hémisphère cérébral et par une lésion également dynamique, qu'il est, jusqu'à un certain point possible de localiser, par analogie avec les lésions en foyer du système cérébro-spinal.

Observation VII — Dʳ L. Martinenq

Folie communiquée. — Délire à quatre. — Communication inégale d'un délire multiple (manie hystérique et délire des persécutions) faite par le sujet actif aux trois passifs en raison de leur réceptivité personnelle.

A Limpiville, petite localité de la Seine-Inférieure, existe une pauvre famille catholique, composée des deux parents et de cinq enfants, deux garçons et trois filles.

Le père, bouvier de son état, n'a cessé d'être un honnête et brave travailleur; d'humeur douce et facile, d'intelligence moyenne, mais sans culture, et fort estimé dans tout son entourage. Il a constamment joui d'une excellente santé physique, son état mental, comme, du reste, celui de toute la famille, avant les évènements que nous allons raconter, n'a jamais rien présenté d'anormal et malgré ses 70 ans, il conserve encore aujourd'hui, à tous les points de vue, une verdeur remarquable.

Il n'en est pas tout à fait de même de la mère que de nombreuses couches et les fatigues d'une vie laborieuse et pénible ont notablement affaiblie.

Des cinq enfants, tous grands et de robuste constitution, trois sont mariés et vivent en excellente santé physique et mentale loin du toit paternel. Les deux autres, Amanda, âgée aujourd'hui de 32 ans, et Elise, âgée de 29 ans, n'ont cessé d'habiter avec leurs parents qu'elles ont toujours beaucoup aimés et aidés de leur travail jaurnalier chez un tisserand. Elles sont toutes deux d'un tempérament nerveux, surtout Elise qui a présenté plusieurs fois, depuis l'âge de sa puberté, des symptômes non équivoques de nervosisme.

Rien, jusqu'en 1881 n'avait encore troublé la vie paisible de la pauvre famille, jamais aucune maladie sérieuse n'était venu l'alarmer.

Du reste aucune tare héréditaire de quelque nature que ce soit n'existe dans la famille d'après l'affirmation même du médecin du pays qui la connaît depuis fort longtemps.

Vers le mois d'octobre 1881, sans cause connue, le caractère de la fille cadette Elise, changea subitement. De laborieuse et douce qu'elle était, elle devint négligente et irritable, en même temps qu'ombrageuse et indifférente à tous et à tout. Souvent on la surprenait préoccupée, sombre, stupide même, sans qu'on pût lui faire dire le motif de cet état si surprenant pour tous ceux qui l'avaient toujours connue gaie, rieuse et de bonne humeur.

La menstruation, jusque-là régulière, présenta à ce moment quelques troubles auxquels on attribue le changement de caractère et l'état d'énervement intermittent d'Elise, Mais cet état s'accentua rapidement d'une façon inquiétante et se compliqua bientôt de phénomènes nerveux convulsifs tels que pertes subites de connaissance, sensations de constriction dans la poitrine et à la gorge, baillements incoercibles, faim canine, éblouissements et étouffements par la boule hystérique.

A plusieurs reprises, elle fut ramenée sans connaissance et en proie à des crises de nerfs, de l'église où elle se plaisait à aller s'enfermer, depuis quelque temps, pour se livrer à des pratiques religieuses exagérées et excentriques.

Enfin survint un état d'agitation presque continu avec délire mystique, extases, désordre général et hallucinations de tous les sens. Cet état d'agitation maniaque hystérique alternait avec un état délirant plus calme pendant lequel Elise manifestait exclusivement des idées de persécution systématisées avec prédominance d'hallucinations de l'ouïe, C'était la magie, la *sorcellerie*

qui la poursuivaient, l'étreignaient à la gorge, un *sort* la domi-
nait, elle était *possédée* et *damnée*, etc. Elle entendait alors des
cris, des menaces, des prophéties terribles qui la terrorisaient,
la mettaient hors d'elle-même et la rendaient extrêmement dangereuse. « Dans un de ces accès, nous dit le père, devant ses
« menaces furieuses et à main armée, saisis de peur et ne
« sachant plus où donner de la tête, nous nous étions réfugiés
« ma femme, ma fille Amanda et moi, dans le grenier après en
« avoir tiré l'échelle. Elise bondit comme un chat à huit pieds
« de haut, pour aller nous rejoindre, et y parvint. C'est une
« chose surnaturelle, ajoute-t-il, cela ne peut être que de la
« *diabolique physique*, car un être humain ne peut avoir la force
« et l'agilité de ma pauvre fille s'il n'est pas *ensorcelé*. Du reste,
« continua-t-il, le *sort* de ma fille rejaillissait sur toute la maison,
« le chat même était ensorcelé; il bondissait, miaulait avec
« fureur comme s'il eut été enragé. »

Les malheureuses gens ne savaient plus à quel saint se vouer
et, commençant à subir l'influence de leur fille, ils acceptaient
déjà la possibilité d'un sort jeté sur la famille et d'une mystérieuse persécution par la *diabolique physique*. Aussi allèrent-ils
se confier au curé qui délégua son vicaire pour exorciser Elise.

Rien n'y fit; toutes les prières, toutes les aspersions, toutes
les menaces aux esprits malins n'eurent aucun effet.

Bien plus, sur ces entrefaites, la sœur aînée, Amanda, vivement impressionnée par l'état d'Elise, se mit à présenter des
phénomènes convulsifs et délirants semblables à ceux que présentait celle-ci. Elle fut prise de crises nerveuses avec baillements, étouffement par la boule hystérique et manifesta un
délire de persécution par les *magiciens* dont elle apercevait,
comme sa sœur, les figures menaçantes sur les murs, et dont
elle entendait les voix dans le grenier. Enfin les deux malheureuses filles se mirent à délirer à l'unisson et eurent, en même
temps les mêmes hallucinations, les mêmes phénomènes nerveux
souvent même la même agitation.

La vie n'était plus tenable; le médecin appelé fit interner
Elise à l'Asile Saint-Yon, le 30 janvier 1882, avec les certificats
suivants :

1° Monomanie religieuse et croyance à un sort (signé docteur Verdier);

2° Folie mélancolique avec délire religieux et hallucinations de l'ouïe et de la vue (signé : Dr Rousselin).

Le séjour à l'asile fut de cinq mois et la malade sortit très améliorée le 20 juin 1882.

Aussitôt après le départ d'Elise, tout à Limpiville était rentré dans l'ordre. Amanda, guérie comme par enchantement, reprenait absolument son état normal et ne présentait même plus de phénomènes nerveux. Le calme était parfait.

A son retour, Elise reprend, elle aussi, comme par le passé, ses occupations régulières et pendant plusieurs mois ne présente plus rien d'anormal au point de vue mental si ce n'est une certaine tendance à la concentration et à l'exagération religieuse.

Cela dura 14 mois environ, puis tout à coup, vers la fin du mois de septembre 1883, sans cause appréciée par son entourage, survint un nouvel accès de folie qui, en moins de 10 jours, acquit une intensité extrême.

Au milieu d'une agitation maniaque presque continue, dûe à la folie hystérique que caractérisaient parfaitement divers phénomènes convulsifs et hallucinatoires; on démêlait nettement un délire de persécution systématisé avec tout son cortège de troubles sensoriels et psychiques spéciaux et ses impulsions dangereuses caractéristiques. Un sort jeté sur elle et sur les siens par des gens du voisinage, jaloux et méchants, la poursuivait, la magie l'étreignait à la gorge et l'étouffait; on lui montrait des figures terrifiantes, elle entendait des menaces, des injures et des bruits effrayants qu'elle attribuait aux préparatifs que ses persécuteurs faisaient pour pénétrer chez elle et la *larder*; elle ressentait enfin des secousses électriques qui lui indiquaient bien qu'on agissait sur elle à distance par la physique. Cet état présentait par moment des périodes d'accalmie pendant lesquelles les conceptions délirantes de persécution seules persistaient tout en devenant plus vagues et étaient constamment alimentées par des hallucinations de l'ouïe.

Dépeindre la douleur de ces pauvres gens est impossible.

Nuit et jour en éveil; entourant Elise des soins les plus assidus et les plus pénibles; ils ne prenaient aucun repos, s'alimentaient à peine, ne cessaient de pleurer et de gémir sur leur triste sort, ne pouvant se décider à se séparer une seconde fois de leur chère enfant.

Cette situation ne pouvait se prolonger longtemps sans amener de plus grands malheurs.

Un beau jour, en effet, 10 jours après le début de l'accès délirant que nous venons de décrire, accablés par la douleur, exténués de fatigue, brisés d'émotions, Amanda la première, puis le père et la mère furent pris successivement du même délire qu'Elise. Loin de combattre, comme ils l'avaient fait jusque là, les conceptions délirantes de celle-ci, ils les épousaient absolument toutes et en ajoutaient même parfois de leur crû. Les persécuteurs d'Elise, ils les connaissaient et les menaçaient avec elle; c'étaient les *gens de magie* qui se cachaient pour faire leurs coups et agissaient sur eux à distance par la diabolique physique; c'était la sorcellerie qui les travaillait et les tourmentait de mille façons. Mainte fois, ils entendirent, tous les quatre, des bruits répétés de pioches et de marteaux contre les murs de leur habitation qu'on venait détruire, des *graffignages* le long des meubles, le bruit éclatant d'un grand arbre qui s'abattait sur leur maison et allait les écraser. Alors, pris tous ensemble de panique on les voyait se précipiter hors de leur demeure en criant au secours et manifestant par des gestes désespérés la plus grande terreur. Souvent la nuit ils se réveillaient en sursaut, criant et vociférant contre des êtres, invisibles pour le père et la mère, mais qu'Elise et Amanda disaient voir et entendre rôder autour de la maison avec des armes et des pioches, Ils se levaient alors à la hâte, s'armaient de ce qui leur tombait sous la main et sortaient prêts à se défendre avec rage. Un jour, nous a raconté le père lui-même, ils entendirent vers le soir un grand bruit dans le grenier, puis des pas et des coups répétés de marteau contre le plafond, ils se lèvent d'un bond, saisissent bâtons et fusil, et, conduits par Elise qui aperçoit seule nettement les agresseurs, ils se précipitent furieux dans la direction du bruit en proférant menaces et provocations « où est donc cette canaille qui nous insulte et nous menace, s'écrie le père écumant de colère et serrant fièvreusement son fusil. Ah! si jamais je les vois, je leur ferai vite leur affaire..... mais ils se cachent les lâches!..... ils n'ont jamais osé se montrer à moi!..... » puis, s'adressant à ses filles : « voyons, filles, montrez-les moi donc, vous qui les voyez »..... et il reste là plusieurs heures, en garde, tout halletant, fouillant d'un œil hagard l'ombre de la nuit qui commence à les envelopper. Malheur à quiconque s'aventurera dans le voisinage; il n'y aura certainement pas de pourparlers.

Ces scènes tragiques se reproduisirent bien des fois. C'était Elise qui mettait le feu aux poudres et poussait le premier cri d'alarme; Amanda, influencée la première, suivait de près, sous le coup des mêmes hallucinations, et les deux parents ne tardaient pas à se mettre à l'unisson. Il est à noter que ces derniers ne présentèrent jamais que des hallucinations de l'ouïe.

Le pays était en émoi et l'on craignait de graves malheurs. Le médecin averti fit intervenir l'autorité qui ordonna la réintégration d'Elise à l'Asile Saint-Yon (*octobre 1883*), où elle est encore en ce moment, n'ayant cessé depuis de présenter un état lypemaniaque avec délire des persécutions et prédominance d'hallucinations de l'ouïe et de la sensibilité générale. Par moment, une certaine agitation se manifeste et la malade accuse alors des hallucinations de la vue.

Après le départ d'Elise, la famille M..., pour fuir leur habitation maudite, changea de résidence et alla se fixer à quelques lieues de là. Le calme se fit aussltôt comme après la première séparation. Depuis, les époux M... et Amanda ont repris peu à peu leur première vie calme et laborieuse, ne conservant de leur ancien état délirant qu'un poignant souvenir, au-dessus duquel plane la croyance timide à l'influence mystérieuse d'un sort. Cette croyance s'explique par la naïveté et le peu de culture de l'intelligence des sujets en question, qui, ne pouvant trouver une autre explication aux phénomènes étranges qui se sont passés en eux récemment, acceptent sans autre forme de procès celle qui a cours encore dans le pays arriéré qu'ils habitent, celle de l'influence occulte des sorciers.

Réflexions. — Parmi les observations de folie communiquée aujourd'hui assez nombreuses, celle-ci n'est certainement pas une des moins intéressantes, mais nous la croyons surtout remarquable à un point de vue spécial et nouveau, celui de la distribution des délires communiqués par le sujet actif à chacun des passifs.

Nous venons, en effet, de voir Elise, sujet actif, atteinte d'un double délire, ou, si l'on veut, à la fois de deux formes de folies coexistantes. En premier lieu, la folie hystérique caractérisée par de l'agitation maniaque avec phénomènes nerveux convulsifs, constrictions à la gorge, clou hystérique, trouble sensoriel général et conceptions délirantes spéciales; en second lieu, le délire des persécutions avec prédominance des hallucinations de l'ouïe et impulsivité particulière.

Or la communication de ces délires ne se fait pas d'une façon égale à chacun des sujets influencés et l'on voit Amanda, atteinte des deux délires, présenter l'état hallucinatoire général d'Elise; alors que les deux parents réfractaires au premier, n'acceptent que le délire des persécutions et ne présentent absolument que des hallucinations de l'ouïe,

Ceci est un fait remarquable et dont fait foi la scène tragique que nous avons déjà racontée, pendant laquelle ces quatre délirants exaspérés et sous le coup d'un violent paroxysme de fureur défensive, se précipitèrent un jour en armes contre leurs agresseurs chimériques : « Où est donc cette canaille qui nous insulte et nous menace! s'écriait le père. Ah! si jamais je la vois, je lui ferai vite son affaire..... mais ils se cachent les lâches, ils n'ont jamais osé se montrer à moi. » Puis s'adressant à ses filles : « Voyons, filles, montrez-les moi, vous qui les voyez », et il cherche, mais en vain, le doigt sur la gachette de son fusil, à les apercevoir dans la direction qu'Elise lui indique.

Il est évident que la raison de cette distribution inégale du délire est dans la différence de réceptivité de chacun des passifs, réceptivité qui est en raison directe des prédispositions pathologiques de chacun d'eux.

Or, les époux M... n'ont jamais été névropathes ni alcooliques.

Amanda, au contraire, a toujours eu, comme sa sœur Elise, un tempérament excessivement nerveux. C'est donc certainement à cette prédisposition névropalhique particulière, qu'Amanda doit d'avoir reçu communication, en même temps que du délire de persécution imposé à tous, de la folie hystérique à laquelle les deux parents sont restés réfractaires.

Enfin, la présence exclusive des hallucinations de l'ouïe chez les époux M... atteints seulement du délire de persécution et l'existence de celles de la vue chez leurs deux filles atteintes du même délire, mais avec une complication de folie névropathique. démontrent une fois de plus et d'une façon péremptoire, ce nous semble, un fait important qui nous a depuis longtemps frappé, que nous avons relaté dans notre thèse innugurale de Paris (6 août 1880), et que deux de nos vénérés maîtres, le professeur Lasègue et le Dr J. Falret, ont magistralement affirmé et démontré daus de savantes communications à la Société médico-psychologique (séance de novembre et de décembre 1880), à savoir :

Que les hallucinations de l'ouïe sont bien les hallucinations propres du délire essentiel (J. Fabret) franc (Lasègue) des persécutions et en constituent un symptôme véritablement pathognomonique.

Que lorsque dans cette psychose, on rencontre des hallucinations de la vue, c'est qu'un élément nouveau est venu s'ajouter à la maladie primitive et que l'on est en face d'une complication de névropathie (hytérie, épilepsie, chorée, etc.) ou d'intoxication (alcoolique ou autre).

OBSERVATION VIII. — Dr E. CORTYL.

Lypémanie avec idées de persécution, hallucinations, persécutions, impulsion homicide et suicide. — Double meurtre. — Guérison.

Dans la nuit du 21 novembre 1882, un drame horrible, qui a vivement impressionné la population rouennaise, se déroulait au second étage de la maison portant le n° 2 de la rue de Buffon. Une mère H. C..., d'origine anglaise, éventrait, pour étrangler ensuite, ses deux jeunes enfants, un petit garçon de deux ans et demi environ et une petite fille de douze à treize mois. Elle nourrissait encore cette dernière au sein. Après avoir perpétré ce double meurtre, elle se porta plusieurs coups de couteau et chercha à s'empoisonner en avalant une certaine quantité d'acide oxalique.

Les blessures faites au cou, au sein, aux bras et aux jambes ne présentaient pas de gravité, les effets de l'ingestion de l'acide oxalique furent combattus immédiatement par les soins de l'un de nos très honorés confrères, M. le Dr Tinel, qui déclara « avoir « trouvé la mère couchée entre les cadavres des deux victimes, « dans un état de stupeur de nature à faire croire qu'elle ne se « rendait pas compte de ce qu'elle avait fait. »

H. C... est née à Londres, le 29 janvier 1848, elle est fortement constituée, sa taille est moyenne, sa physionomie exprime la douceur, ses traits sont réguliers, sa tête est bien conformée. Son instruction ne paraît pas bien développée, mais elle s'exprime avec aisance, écrit sa langue d'une façon correcte, elle parle un peu le français.

Lors de notre première visite à la prison de Rouen, six jours après le meurtre, H. C... se présente dans une attitude très convenable ; elle porte encore les traces de ses blessures, elle est déprimée, ses yeux sont injectés, on voit qu'elle a beaucoup pleuré.

Dès notre première question, l'inculpée verse d'abondantes larmes et nous dit : qu'elle a conservé le souvenir du drame affreux dont elle se déclare coupable. A la prison, elle ne cesse de pleurer et travaille avec la plus vive ardeur pour trouver, dit-elle, une diversion aux idées pénibles qui l'obsèdent. On lui entend souvent répéter les mots : *Pauvres petits enfants !*... La pensée de son crime ne la quitte pas.

H. G... vivait depuis trois ou quatre ans à Rouen, dans une situation irrégulière, avec un sieur H..., sujet anglais comme elle, marié, ayant abandonné sa femme, paresseux et ivrogne. Elle était très malheureuse et tourmentée par le remords. Après avoir perdu deux enfants en Angleterre, elle s'est rendue en France où elle a continué ses relations avec H... et où sont nés les deux victimes qu'elle adorait et qui, nous disait-elle, étaient sa seule consolation.

La manière dont elle nous raconta les circonstances qui ont précédé son meurtre, nous firent bientôt reconnaître que nous nous trouvions en présence d'une malheureuse aliénée.

« Depuis quelque temps, nous dit-elle, six semaines environ, je vivais d'imagination. Il m'est arrivé souvent de demander à M. H... s'il ne voyait pas ou s'il n'entendait pas certaines choses que je voyais ou que j'entendais. Je m'étais imaginé qu'un matelot norwégien devait le noyer. Je n'osais bientôt plus lui faire part de mes impressions, ni lui parler de ce que j'éprouvais parce qu'il se mettait en colère, prétendant que je lui disais des choses impossibles. Je gardai depuis ces pensées pour moi et n'en parlai plus à personne.

« Pendant les trois nuits qui ont précédé le meurtre, je n'ai pas dormi, j'ai vu le Christ qui est venu apporter le pardon pour tous, j'étais persuadée que quelqu'un devait venir tuer mes enfants en les faisant beaucoup souffrir, et si un homme avait franchi ma porte, je crois que je me serais jetée sur eux et les aurais tués afin de leur éviter des tortures.

« Mes enfants me paraissaient étranges depuis trois ou quatre jours ; ils étaient toujours suspendus à mes vêtements, ne voulaient pas manger. Il est vrai de dire aussi que je ne mangeais plus depuis huit jours. La petite fille était restée suspendue à mon sein pendant toute la dernière nuit, mais je n'avais plus de lait.

« L'idée du crime avait surgi brusquement pendant l'après-midi du 21 novembre. J'avais aiguisé un couteau, et j'allais commencer lorsqu'une femme est venue demander du secours pour son enfant malade. Cette visite a détourné mes idées et je n'y ai plus songé. Ce n'est que vers six heures du soir que cette pensée m'est revenue. Le petit garçon était en chemise, prêt à être mis au lit. J'avais la petite fille sur les bras. Mon petit garçon se mit à courir à quatre pattes comme un chien autour de la chambre en criant et en imitant des aboiements, puis il monta vite sur le lit. Je m'imaginai qu'il était enragé.

« Me dirigeant alors du côté de la fenêtre, je vis deux ou trois hommes qui causaient dans la rue, je me figurai qu'ils complotaient la mort de mes enfants. Aussitôt je me rendis dans la chambre voisine, je saisis le couteau et commençai la sinistre besogne.

« Le petit garçon était sur le lit à demi enfoncé entre le bord et la muraille, il se tenait là comme *fixé*. C'est là que je l'ai *coupé* sans le déranger de place. »

En nous faisant ce récit, la malheureuse mère verse d'abondantes larmes et nous dit : « Je n'y étais plus, je ne me souviens plus, mes idées se sont troublées. Il me semble cependant que l'enfant n'a pas parlé, la petite fille paraissait regarder cette scène avec frayeur, mais je ne puis dire comment je l'ai coupée à son tour. » Cette mère leur avait ouvert l'abdomen.

Supposant alors que ses enfants étaient morts ou allaient succomber sans retard, elle s'est fait plusieurs blessures, est allée avaler de l'acide oxalique qu'elle s'était procurée pour le nettoyage du cuivre; puis s'est couchée. La mort tardait à venir; elle s'est relevée, est allée boire un verre d'eau-de-vie et s'est recouchée entre ses deux enfants. « J'ai perdu tout sentiment, dit-elle, j'ai dormi comme si j'avais été morte. Plus tard, je ne sais à quelle heure, j'ai ouvert les yeux et j'ai vu que mes enfants vivaient encore. J'ai eu peur que les sens leur reviennent, j'ai pensé qu'ils souffraient. Je me suis levée, je suis allé prendre une bottine d'homme et je les ai frappés sur la tête, avec le talon. Croyant faire mourir plus vite mon petit garçon, j'ai comprimé fortement les intestins que je voyais sortir du ventre. Mon petit garçon disait : maman ! maman ! et il me regardait avec angoisse; bientôt il ne parla plus. Voyant que tout cela ne le faisait pas mourir, je pris un morceau de satin avec lequel j'entourai successivement le cou des deux enfants en le comprimant fortement avec les doigts. Les enfants n'ont plus rien dit. »

Telle est la narration de ce meurtre affreux exécuté par cette mère dont les facultés intellectuelles étaient profondément troublées.

Trois jours avant ce drame, H. C... est convaincue qu'elle a été morte; qu'on l'a fait mourir pour la punir d'avoir vécu maritalement avec H..., et qu'on l'a ressucitée dans le but de lui faire commettre son crime d'abord et lui trancher la tête ensuite. Tout lui paraît si étrange depuis quelque temps, qu'elle se figure être dit-elle, dans le monde des esprits. *Tout est mystère*, et lorsque nous lui demandons si elle a des remords, elle nous répond qu'elle ne peut regretter son action, qu'elle ne saurait avoir de remords puisqu'elle n'a pas agi sous l'influence de sa volonté propre et qu'elle ne sait si elle ne recommencerait pas sous l'impulsion des mêmes idées.

A la prison H. C... se fait remarquer par la douceur de son caractère, sa soumission et son ardeur au travail. Elle est menstruée le lendemain de son arrivée et son attitude reste la même ; elle dort peu, pleure beaucoup et manifeste à tout instant sa reconnaissance pour les soins dont on l'entoure et l'intérêt qu'on lui porte.

Le 19 décembre, la scène change : H. C... refuse ses aliments et ne veut pas se mettre au travail; elle paraît plus absorbée que de coutume. La nuit se passe sans sommeil ; elle cause seule.

Le 20, elle sort de son lit avant l'heure réglementaire; ses yeux sont hagards, sa physionomie est éveillée ; elle veut obliger ses compagnes à se lever, passe d'un lit à un autre pour les réveiller. Les filles de service veulent la faire recoucher, elle les menace et court d'une extrémité à l'autre du dortoir en fredonnant des chansons. Elle regarde fixement en souriant les personnes qui l'entourent, se place devant elles et leur chante une romance. Pendant toute là journée elle est excitée, crie ou chante, court de droite à gauche, s'accroupit entre les lits. La soirée est plus pénible encore, elle s'irrite, frappe, on ne peut plus la contenir.

Le 21, H. C... est dirigée sur l'Asile Saint-Yon, où elle arrive vers les 5 heures du soir, revêtue de la camisole de force et les pieds entravés. On est obligé de la porter de la voiture à la salle d'admission. Ses membres inférieurs sont raidis comme des barres de fer. Elle se meut tout d'une pièce, et lorsque, tout en la soutenant vigoureusement et quoique débarrassée de ses entraves, on l'invite à marcher, elle se laisse entraîner en glissant. Arrivée dans le quartier de la surveillance continue, nous lui faisons enlever la camisole.

La physionomie de notre nouvelle pensionnaire est impassible, ses yeux sont fixés vers la terre, elle conserve l'immobilité la plus absolue. Interpellée par son nom, elle nous fixe d'abord d'un air hébété et promène ensuite son regard sur les personnes qui l'entourent ; elle examine chacun de nous des pieds à la tête sans proférer une seule parole. Elle devient anxieuse ; pousse un soupir, tremble, a peur, ses paupières s'abaissent et elle retombe dans sa torpeur.

Nous cherchons à provoquer des réponses à nos questions, après de longs efforts elle semble se rappeler de nous avoir vu. Elle ne se souvient pas de prime abord si c'est en France ou en Angleterre. Elle nous demande en souriant si nous ne sommes pas son père, décédé, il y vingt-six ans, ou son frère mort également un peu plus tard. Elle finit par se souvenir qu'elle nous a vu à la prison de Rouen, et se rappelant plus tard encore notre entretien, elle nous dit avec calme : *Je vous ai raconté le crime.*

H. C… semble alors sortir d'un sommeil profond, la mémoire de tout ce qui s'était passé depuis deux ou trois jours lui fait défaut, elle ne se souvient pas d'avoir été camisolée, elle ne sait où elle est et ne peut se rendre compte de sa situation. *Tout lui semble mystère.*

La nuit a été assez calme ; toutefois. elle a parlé seule et à haute voix pendant plus d'une heure. Le matin, elle s'est levée, a fait son lit et s'est mise au travail avec la même ardeur que pendant les premiers jours de son incarcération à la prison. Elle se souvient de nous avoir parlé la veille, mais croit qu'elle est morte ; « *c'est bien drôle*, dit-elle, *je ne comprends pas ce qui se passe.* »

Nous qui ne l'avions vue jusqu'ici que les larmes aux yeux, répondant avec la plus grande affabilité, nous la retrouvons souriant à tous propos, manifestant par des gestes et de la vivacité son mécontentement et son agacement.

A peine l'avons-nous quittée, qu'H. C... se met à marcher et à danser ; elle court s'accroupir à côté d'un lit, passe son temps à chanter en comptant les clous de ses souliers.

Le soir on constate qu'elle est menstruée comme au lendemain du meurtre. Ses règles sont peu abondantes et durent trois jours. Pendant cette période elle est excitée, ne peut rester en place et se livre à des actes désordonnés. Sa physionomie n'exprime plus ce calme et cette résignation que nous lui connaissions ; elle rit chante, danse, ses yenx sont vifs, son regard assuré, elle se promène d'un air dégagé en chantonnant et accompagnant ses romances de gestes.

Le 31 décembre, H..., le père des victimes est admis en notre présence à visiter la malade. A sa vue, elle reste impassible ; sa figure ne trahit aucune émotion ; elle examine H... des pieds à la tête comme pour s'assurer si c'est bien lui qui est en sa présence. Elle ne prononce pas une parole. Celui-ci entame une conversation à laquelle la malade ne répond que par monosyllabes. « J'ai cru, dit-elle, un peu plus tard, que le jour où j'ai commis le crime on vous avait noyé, j'étais persuadée que vous étiez mort. » Puis elle lui demande s'il avait enterré les enfants. H... lui répond : « Ne me demandez pas cela, » et ils pleurent ensemble.

Bientôt H. C... se mit à sourire; elle affirma à H... que sa mère, décédée, était près d'elle, qu'elle l'avait bien reconnue. Elle lui proposa de lui faire voir sa sœur également morte et alla chercher l'une des sœurs infirmières à laquelle elle voulut faire avouer qu'elle était, en effet, la sœur de H... ; on ne parvint pas à la dissuader.

Elle raconta ensuite que, depuis quelques jours, elle voyait des figures étranges et des personnes de sa connaissance cousues dans les tapis; qu'elle entendait de la musique, des chants, des disputes et des personnes qui pleuraient; qu'elle avait vu H... accompagné de deux personnes venir près d'elle pour lui faire ses adieux.

Cet état maniaque hallucinatoire ne s'est guère modifié jusqu'au lendemain du jour où H. C... a été menstruée de nouveau. Pendant cette nouvelle période, elle est devenue plus turbulente, plus agitée, le trouble des idées s'est encore accentué, et le calme ne s'est rétabli qu'après la cessation des règles. Redevenue alors ce que nous l'avions vue après son meurtre, H. C... gémit en parlant de l'acte qu'elle a commis, nous redit sans cesse l'affection profonde qu'elle portait à ses enfants, sans pouvoir s'expliquer ni les faits étranges qui se sont passés, ni les idées bizarres qui l'ont obsédée pendant si longtemps. Souvent, après avoir longtemps réfléchi, elle dit : « *C'est un mystère.* »

Pendant les mois suivants, nous constatons que l'agitation et l'exagération des conceptions délirantes ne se montrent que par périodes et à l'approche des règles.

En juillet et août, H. C... est calme, et l'amélioration est assez sensible. Elle manifeste encore quelques idées de persécution et des hallucinations. Elle se rend cependant un compte à peu près exact de sa situation actuelle. Nous disons à peu près, parce qu'elle ne comprend pas encore pourquoi elle est à l'asile alors qu'elle aurait dû, dit-elle, être condamnée à mort. Elle a conscience de l'énormité de son crime, qui lui fait horreur, et cherche le mobile qui l'a fait agir.

Elle ne cesse de répéter qu'elle ne croit pas avoir été malade, que jamais elle n'a perdu son sens (pour conscience), qu'elle a un souvenir fidèle de tout son passé, et que ce doit être par une influence étrangère à sa volonté, par le *mesmérisme*, qu'elle a été poussée à commettre son double meurtre.

Le 17 septembre, vers 9 heures du soir, H. C... trouve le moyen de se cacher dans une chambre d'isolement du quartier de surveillance où elle est placée depuis son admission ; elle y dévisse, à l'aide d'un couteau de table qu'elle a dérobé, la chaînette qui empêche ordinairement la croisée de s'ouvrir complètement, et, au moyen de draps, se laisse glisser dans le jardin potager, où elle est trouvée accroupie à 10 heures.

Les forces l'abandonnant avant qu'elle eût touché le sol, elle a fait une chute heureusement d'une faible hauteur, et, outre quelques contusions sans grande importance, elle a présenté à notre examen l'arrachement partiel du tendon rotulien de la jambe gauche.

Cette blessure, sans gravité extrême, l'a empêchée de donner suite au projet qu'elle avait conçu d'aller se noyer, en la mettant dans l'impossibilité de marcher.

H. C... nous avoue qu'elle était rongée par le remords; qu'aujourd'hui elle se rendait parfaitement compte de l'immensité de son malheur et de l'horreur qu'elle devait inspirer à tous; elle ne devait plus vivre. L'idée d'en finir la poursuivait, et c'est en allant se précipiter dans la Seine, où elle espérait trouver la mort, qu'elle avait résolu de se soustraire à ses douleurs morales et à la honte.

Octobre. — La malade est calme, la blessure du genou est en bonne voie de guérison. Quelques idées vagues de persécution surgissent encore de temps en temps, mais H. C... se laisse facilement convaincre que ce sont là des idées délirantes.

Novembre. — L'amélioration s'accentue progressivement, et à part des moments de tristesse profonde qui sont accompagnés et se terminent par des larmes abondantes, nous ne pouvons constater d'autres phénomènes de nature à admettre la persistance d'idées délirantes. La malade s'occupe régulièrement.

Décembre. — Même état mental; l'amélioration se maintient. H. C... devient un peu plus expansive et est moins triste.

Janvier 1884. — L'amélioration s'affirme chaque jour; la malade n'offre plus trace de son ancien délire; elle travaille avec docilité et intelligence, soigne avec une affection toute particulière les autres malades, cause avec une lucidité parfaite et console charitablement celles qui souffrent à côté d'elle. Son état mental est excellent.

Février. — Rien de particulier.

Mars. — La malade peut être considérée comme guérie. Son intelligence est vive, son jugement très droit, le sens moral bien développé, la conscience de son état antérieur et présent parfaite. Une seule chose l'attriste souvent jusqu'aux larmes et lui fait redouter sa rentrée dans la famille, c'est la honte que lui inspire sa conduite passée et l'énormité de son crime. Elle manifeste par

8

des paroles empreintes d'une vraie et légitime douleur la crainte de ne jamais obtenir le pardon de sa mère, devant laquelle elle n'ose plus se représenter.

16 avril. — Nous trouvons H. C... alitée ; nous constatons l'existence d'une pleurésie à droite avec un épanchement qui devient considérable.

Mai. — Cette affection incidente est en voie de guérison ; l'épanchement se résorbe. L'état mental reste satisfaisant.

En juin et juillet, la situation physique et morale est très satisfaisante. Des démarches sont faites pour obtenir le rapatriement de cette malheureuse.

Après entente avec le gouvernement anglais, le 2 août, H. C... part pour son pays d'origine dans un état normal très satisfaisant.

Le double meurtre du 21 novembre 1882 a donné lieu à une expertise médico-légale dont nous avons été chargé conjointement avec notre confrère et ami le Dr Delaporte, directeur-médecin en chef de l'asile de Quatre-Mares.

Dans notre rapport au parquet de Rouen, nous avons fait ressortir les causes, le développement progressif et les principaux symptômes du délire de l'inculpée, nous attachant à démontrer qu'H. C... était en état d'aliénation mentale au moment où elle a commis l'acte incriminé.

Voici comment nous nous sommes exprimés :

« Si, comme nous avons lieu de le croire, en raison de la sincérité de l'accusée, les renseignements qu'elle nous a donnés et qui, du reste, ont été confirmés plus tard par la sœur de l'inculpée, sont exacts, H. C... n'est pas indemne de toute tare héréditaire. Son grand-père maternel s'est suicidé ; sa mère, très nerveuse, est d'un caractère fantasque ; son frère est bizarre et une cousine, également du côté maternel, a été aliénée. Elle a donc, selon toute vraisemblance, apporté en naissant une prédisposition fâcheuse, un état névropathique sur lequel, selon les circonstances, pourront se greffer différentes névroses ou certaines formes de folie.

« Dès son enfance, H. C... éprouve des convulsions, et, bien que nous manquions de renseignements sur la nature exacte de ces convulsions, elles nous paraissent devoir être signalées comme preuve à l'appui de l'état névropathique précité.

« A l'âge de la puberté, H. C... se montre (c'est elle qui nous en fait l'aveu) paresseuse, insoumise, d'un caractère capricieux et inégal. Le désir de se soustraire à la surveillance maternelle lui fait abandonner sa famille au moment où elle pourrait se rendre utile pour élever ses frères et sœurs. Elle veut apprendre un état, mais elle en est bientôt dégoûtée, et ce dégoût est si accentué que, dans un premier accès de désespoir, elle veut s'empoisonner avec le toxique en vogue en Angleterre, l'acide oxalique. Elle avait alors près de 22 ans.

« Cette tentative de suicide, que nous considérons comme un premier acte de folie, n'ayant pas réussi, H. C... se décide à apprendre à travailler à la machine à coudre. C'est au cours de cet apprentissage qu'elle fait la connaissance d'un marin, le nommé H... Cet homme est marié, père de famille, elle ne l'ignore pas ; mais cette circonstance, qui eût donné à réfléchir à toute personne sensée, n'arrête point l'inculpée. Sans s'inquiéter des conséquences d'une liaison illicite, elle n'écoute que son impulsion passionnelle, s'abandonne à son séducteur et ne tarde pas à devenir enceinte de ses œuvres. N'osant avouer sa faute à sa famille, elle se décide à fuir, à suivre H... et à mener avec lui une vie d'aventurière.

« Depuis ce temps, dit-elle dans une de ses lettres, je n'ai pas « su ce que c'était que d'être heureuse ; j'ai sacrifié mon exis- « tence. »

« Dès ce moment, en effet, l'infortunée se sent coupable et connaît le remords. Malgré cela, elle conserve assez d'énergie pour accepter la fausse situation qui lui est faite : elle se détermine à vivre maritalement avec H..., auquel, du reste, elle est sincèrement attachée, et jusqu'à ces temps derniers elle reste assez maîtresse d'elle-même pour ne pas trahir ses sentiments intimes et jouer, aux yeux du monde qu'elle fréquente, le rôle de femme mariée. Sans doute, pendant cette période, elle est habituellement triste, humiliée, mécontente de la vie qu'elle mène et avec laquelle elle n'a pas le courage de rompre, mais son remords reste encore, si nous osons nous exprimer ainsi, à l'état physiologique.

« Ce n'est que plus tard, il y a environ quinze mois, que ce remords a pris des proportions excessives et que la tristesse qui en était la conséquence est devenue une véritable dépression mélancolique, c'est-à-dire un symptôme de folie.

« Comment expliquer ce changement dans l'état mental de l'accusée ? Est-ce à une cause physique ou à une cause morale qu'il le faut rapporter ? Aux deux, vraisemblablement, car nous ne saurions nier entièrement l'influence des causes somatiques. H. C... se trouvait à cette époque enceinte de sa petite fille. Toutefois, nous nous expliquons beaucoup mieux l'évolution de sa maladie par le fait d'une oppression morale vive et continue.

« Longtemps cette femme, qui aime toujours H..., s'est crue aimée de lui et s'est sentie soutenue par cet amour ; mais elle a fini par s'apercevoir que son amant n'avait plus pour elle les mêmes égards. De tendre et affectueux qu'il était autrefois, il est devenu indifférent et même, dit-on, infidèle. Il avait pris l'habitude de s'enivrer, et lorsqu'il rentrait la nuit, il se montrait violent jusqu'à la brutalité. H. C..., désillusionnée, comprend alors toute l'étendue et toute l'énormité de sa faute. Ses idées se reportent vers sa propre famille qu'elle a si malencontreusement quittée ; elle se reproche tous ses torts envers la famille de son amant, envers l'épouse légitime dont elle a pris la place, envers ses enfants qu'elle considère comme inévitablement voués au malheur.

« Après le repentir et le remords, le sentiment religieux s'éveille chez cette femme qui n'a jamais pratiqué aucun culte. « Elle se sent coupable, dit-elle, et elle a besoin d'un pardon qui « ne peut venir que du ciel. » Ses idées déprimantes l'obsèdent jour et nuit et l'absorbent au point de lui enlever toute espèce d'activité. C'est à peine s'il lui en reste assez pour donner à

manger à ses enfants ; elle, qui les aime si tendrement, n'a plus
même le courage de les habiller et de les entourer des soins de
propreté que réclame leur jeune âge et qu'elle leur distribuait
autrefois avec largesse. Tout dans son ménage reste à l'abandon.

« A cette sorte de stupeur viennent se joindre d'autres symptômes bien plus significatifs encore. Son cerveau, surmené et
fatigué par l'insomnie, offre un terrain tout préparé aux conceptions délirantes, aux illusions, aux hallucinations des divers
sens.

« Les conceptions délirantes apparaissent en effet ; elles roulent
principalement sur des idées de persécution. La malade s'ima-
gine que des personnes qu'elle connaît ou qu'elle ne connaît pas
veulent, pour la punir de ses fautes, la faire périr, ainsi qu'H...
et leurs enfants. Elle tient à sauver son amant ; elle l'avertit du
danger qu'elle croit le menacer et lui signale même un ennemi
qui, dit-elle, veut le jeter dans la Seine. Pour elle, elle s'abandonne au désespoir et à des idées de suicide. L'amour qu'elle a
pour ses enfants ne peut la retenir ; cet amour même fait qu'elle
ne peut se résoudre à les abandonner et que les comprenant,
pour ainsi dire, dans son suicide, elle se décide à les faire mourir
avant de se donner la mort à elle-même. C'est pour qu'ils ne
puissent tomber dans les mains d'assassins qu'elle redoute que,
pendant plusieurs nuits, elle cache dans son lit un fer à repasser,
bien décidée à les tuer avec cet instrument s'ils viennent essayer
de forcer la porte de la chambre où elle couche.

« Quant aux hallucinations et aux illusions, elles se montrent
chez H. C... tout aussi évidentes que les conceptions maladives.
« Souvent, dit-elle, il m'arrivait de demander à M. H... s'il ne
« voyait pas ou s'il n'entendait pas certaines choses que je voyais
« et que j'entendais ; chaque fois il me répondait que j'étais
« *stupide*. » La malheureuse, pour nous servir d'une expression
qu'à plusieurs reprises elle nous a répétée, *ne vivait plus qu'en
imagination*. Il serait difficile de citer une hallucination mieux
marquée que celle qu'elle éprouva lorsque le Christ lui apparut
au milieu de la nuit.

« Vers une heure du matin, dit-elle, je vis le Christ qui venait

« apporter le pardon pour tous. Aussitôt, il y eut une grande
« lumière ; je partis alors avec mes deux enfants ; il faisait soleil
« et chaud comme aux plus beaux jours d'été. J'allais annoncer
« la bonne nouvelle à tous. Je disais à ceux que je rencontrais :
« Le Christ est venu apporter le pardon pour tous. Les uns
« étaient contents et entraient en allégresse ; d'autres me répon-
« daient merci ; d'autres encore, ne paraissant pas me com-
« prendre, me disaient de les laisser tranquilles.

« Il est possible que pour eux il ne faisait pas beau, mais pour
« moi j'étais enveloppée de lumière. »

« Ce n'est pas pendant quelques secondes, quelques minutes
seulement que dure le phénomène pathologique, c'est pendant
plus de deux heures, car, après l'apparition du Christ, l'illusion
des sens dure encore pendant toute la promenade nocturne que
fait l'inculpée. Il fallait que cette hallucination fût bien vive et
déterminât une conviction bien forte pour que, sur-le-champ, au
milieu de la nuit, sans souci de ses enfants qu'elle entraînait
avec elle, cette insensée se mît à parcourir les quais et des rues
désertes à cette heure et par une nuit de novembre, au risque
d'y être insultée.

« Ce n'est guère qu'en faisant intervenir une hallucination
(bien que cette fois nous n'en ayons pas acquis la preuve) que
nous nous expliquons la résolution si subite et si extraordinaire
d'H. C... allant, sans se préoccuper le moins du monde des for-
malités d'usage, demander à un prêtre catholique de baptiser
sans délai ses enfants, alors qu'elle est protestante.

« Enfin, au moment même où elle commet le double meurtre,
elle agit encore sous l'influence d'une illusion. Elle a bien eu
dans la journée l'intention d'immoler ses enfants et d'en finir
avec la vie, puisqu'elle avait affilé un couteau dans cette intention ; mais elle retarderait sans doute encore l'exécution de son
funeste dessein si elle ne croyait voir dans la rue de prétendus
ennemis prêts à venir l'assassiner, elle, et torturer ses enfants.
La vue de ces hommes, jointe à une interprétation fausse donnée
aux cris de son petit garçon, arme son bras et la pousse à commettre sans plus attendre l'acte effroyable qu'elle a bien prémé-
dité, mais devant lequel elle a reculé jusque-là.

« De ces données, nous avons conclu qu'H. C... était aliénée au moment où elle a commis le meurtre de ses enfants, que c'est sous l'influence de son état d'aliénation qu'elle a consommé le crime et attenté à sa propre existence, qu'elle devait être considérée comme irresponsable. »

OBSERVATION IX. — Dr L. MARTINENQ.

Hystéro-épilepsie avec accès d'aliénation mentale. — Hypnotisme et suggestions.

Marie M... est née à Brest d'un père ivrogne et d'une mère maladive, morte à l'âge de 29 ans d'une affection de poitrine. Elle eut dans son enfance des convulsions très graves qui lui ont laissé une demi-contracture permanente des muscles fléchisseurs de la main gauche, ainsi qu'un tic nerveux de la moitié gauche de la face.

A l'âge de 2 ans, Marie partit pour le Havre avec ses parents, et là ne tarda pas à perdre sa mère. Elle fut alors placée chez les Sœurs de Saint-Vincent-de-Paul, qui auraient déjà remarqué chez leur petite pensionnaire une tendance marquée au somnambulisme. D'après elles, en effet, celle-ci se levait souvent la nuit pour se livrer en dormant les yeux ouverts à certains travaux de couture ou de classe, et même grimpait dans les arbres, sans qu'elle conservât le lendemain au réveil le moindre souvenir de ce qu'elle venait de faire quelques moments auparavant. Elle resta chez les Sœurs jusqu'à l'âge de 12 ans, époque où, à l'occasion de la suppression des règles établies régulièrement depuis l'âge de 10 ans, elle eut un premier accès d'aliénation mentale caractérisé par un état lypémaniaque dépressif, avec idées de suicide manifestées par de nombreuses tentatives d'empoisonnement. Elle était nerveuse, mais sans attaques convulsives proprement dites. Cet accès fut de courte durée, et après trois mois de traitement à l'hôpital du Havre, Marie sortait guérie.

Rentrée chez son père, elle se mit quelques jours après en

apprentissage chez une couturière ; mais, toujours énervée et
surtout profondément attristée de la mauvaise conduite de son
père, qui se livrait d'une façon continue à l'ivrognerie, elle fut
bientôt reprise de mélancolie, et, à l'occasion de quelques contrariétés avec ses camarades, elle quitta l'atelier pour aller se
précipiter dans un des bassins du Havre, d'où un courageux sau-
veteur la repêcha.

Revenue de son émotion, elle se remit pendant un an encore
à la couture, en repartit de nouveau, et finit par aller se placer
à Dieppe comme domestique. Là, pas plus qu'ailleurs, elle ne
put tenir longtemps en place. Elle se contenait cependant de
toutes les forces de sa volonté, et son entourage ne s'aperçut pas
de son nervosisme exagéré, que cachait du reste une santé physique excellente. Au bout de trois mois, elle n'y tint plus ; un
profond ennui s'empara d'elle, et une nuit elle quitta Dieppe à
deux heures du matin et retourna à pied rejoindre son père au
Havre. Elle avait alors 16 ans. Elle se mit à travailler chez un
tailleur et passa ainsi quelque temps assez tranquille. Mais le
père, tailleur de pierres, que son travail tenait tout le jour loin
de chez lui, rentrait presque tous les soirs soûl, n'apportant le
plus souvent rien à la maison ; la misère était profonde et l'existence très pénible. La malheureuse fille, âgée alors de 17 ans, ne
pouvant plus supporter une vie pareille et poussée par ce besoin
de mouvement qui ne la quittait pas, partit de nouveau du Havre
et se rendit à Rouen, puis à Elbeuf, où elle ne tardait pas à faire
la connaissance d'un jeune homme qui la rendit enceinte. Elle
vécut trois mois avec cet homme, qu'elle perdit ensuite de vue.
Quand la grossesse fut arrivée à son terme, elle entra à l'hôpital
de Rouen, où elle accoucha régulièrement d'une petite fille bien
constituée. Un mois après ses couches, Marie sortait de l'hôpital
profondément attristée de devoir se séparer de son enfant, que
l'Assistance publique avait recueillie et adoptée. Elle se rendit
à Elbeuf et se remit au travail de couture, mais elle ressentit dès
ce moment-là un trouble profond de ses facultés. Un nouveau
chagrin était venu se greffer sur celui qui faisait déjà le malheur
de son existence ; elle sentit, nous dit-elle, que sa pauvre tête

déjà si peu solide avait reçu là un coup terrible et qu'elle n'était plus la même.

Sous le coup d'une poignante douleur, découragée, énervée et toujours en proie à cette mobilité morbide qui ne lui donnait aucun repos, elle quitte de nouveau Elbeuf et retourne au Havre, où elle avait appris que son père était très malade à l'hôpital. Elle le revit, en effet, à peu près guéri, grâce à l'intervention d'un habile chirurgien et du Dieu des ivrognes, d'une seconde opération de lithotritie qui avait mis ses jours en grand danger.

Marie fit sortir son père de l'hôpital et passa quelques semaines tranquille avec lui. Mais elle maigrissait beaucoup, ses forces physiques dépérissaient à vue d'œil, elle s'ennuyait, le spectacle de l'inconduite de son père, plus ivrogne que jamais depuis qu'il était débarrassé de sa pierre, l'écœurait et lui causait un mortel chagrin. Elle se plaça comme femme de ménage chez un marchand de vins et travailla régulièrement pendant près d'un mois. Mais un jour, à son réveil, elle se sentit prise d'un besoin irrésistible de sortir, de partir au loin, elle ne savait où. Elle se maintint avec peine jusqu'à deux heures de l'après-midi, puis enfin s'habilla et sortit. A peine dans la rue, elle fut prise d'un accès de délire maniaque avec agitation violente et désordre général.

Recueillie par la police, elle fut conduite à l'hospice (juin 1884), où elle resta environ deux mois. C'est pendant ce séjour qu'apparurent les premières attaques parfaitement caractérisés d'hystéro-épilepsie et que l'hypnose fut souvent pratiquée, tant dans un but expérimental que comme moyen curatif.

Enfin, le 5 septembre 1884, Marie M... est transférée de l'hospice du Havre à l'asile Saint-Yon par les soins de la police, qui ne nous donne aucun renseignement. Le certificat du Dr de Lignerolle est même on ne peut plus concis et se borne à noter que « M... est atteinte d'aliénation mentale caractérisée par du délire et de l'agitation ».

A notre premier examen, nous constatons que Marie est une forte fille, très brune, un peu petite de taille, mais très bien constituée, d'un tempérament sanguin et ardent, à l'œil brillant, à la physionomie vive, ouverte et intelligente. Elle est très calme, gaie, docile, réservée et répond très bien aux questions qu'on lui pose. Elle nous raconte elle-même qu'elle tombe de crises nerveuses, qu'elle a des points douloureux sur différentes parties du corps, qu'elle souffre souvent des deux côtés du bas-ventre et qu'enfin par moments elle sent sa tête s'égarer, puis qu'elle perd connaissance et conscience de ce qu'elle fait.

Elle présente une contracture permanente des muscles fléchisseurs de la main gauche et un tic nerveux de la moitié gauche de la face, qui grimace quand elle parle ou rit par suite de contractions exagérées et asynergiques des muscles de cette région.

Dès cette première interrogation, les antécédents, l'aspect, l'attitude de Marie, comme les troubles nerveux que nous découvrons chez elle, nous font pressentir une névropathe hypnotisable, et sans plus tarder nous lui fermons les deux yeux avec les pouces en opérant une légère pression sur les globes oculaires. Le résultat ne se fit pas attendre, et en moins d'une minute nous obtenions un état léthargique parfait, avec résolution complète et anesthésie généralisée. Un léger souffle sur les yeux amena un réveil rapide. Nous obtinmes également avec facilité la catalepsie et le somnambulisme, et portâmes le diagnostic suivant, dont fait foi le certificat de 24 heures : « Hystéro-épilepsie avec sensibilité hypnogénique extrême. » De plus, les renseignements obtenus nous permirent d'ajouter : « que cet état nerveux s'accompagnait de troubles psychiques caractérisés par de l'agitation maniaque et des impulsions inconscientes dangereuses ».

Nous commençâmes dès lors sur notre intéressant sujet une série d'expériences qui dure encore et dont nous allons pour le moment relater les principales, choisissant de préférence celles qui nous ont donné les résultats les plus précis.

Marie M... est susceptible de tomber par tous les moyens en quelque sorte classiques, et avec une facilité extraordinaire, dans les trois états hypnotiques. On peut chez elle obtenir primitivement, par les moyens les plus simples, la léthargie, la catalepsie ou le somnambulisme, et quand un de ces états est obtenu, on peut le transformer avec la plus grande aisance en n'importe quel autre de ces états.

Mais notre malade n'est pas seulement *hypnotisable*, elle est encore *suggestible* pendant son sommeil nerveux et même à l'état de veille.

Nous séparerons donc notre relation en deux parties, et nous parlerons des phénomènes d'*hypnotisme* observés chez Marie M..., puis des phénomènes de *suggestion*.

HYPNOTISME. — *Sommeil léthargique*. — Soit que nous fassions écouter à Marie le tic-tac d'une montre appliquée contre l'oreille, soit que nous lui fassions regarder fixement un objet brillant placé devant les yeux à une certaine distance ou un objet quelconque maintenu à environ 15 ou 20 centimètres du visage au niveau du front, de manière à produire la convergence des globes oculaires en haut et en dedans, en quelques secondes ses yeux s'injectent légèrement, des larmes roulent sur ses joues, elle ferme spontanément ses paupières et tombe dans un sommeil léthargique profond.

Cet état peut également être provoqué par un mouvement brusque exécuté devant elle, comme la chute rapide de la main devant ses yeux, et ce qui prouve bien que la personne de l'opérateur n'est pour rien dans les phénomènes produits, c'est qu'on peut obtenir chez Marie le sommeil hypnotique en lui disant de mettre elle-même sa main sur la tête, puis de la laisser tomber brusquement devant sa figure. Aussitôt ce mouvement exécuté, Marie, *surprise*, paraît tomber rapidement dans un état cataleptoïde qui se transforme presque aussitôt soit en léthargie, soit en somnambulisme.

Marie en léthargie est dans la résolution complète ; la tête se penche sur une épaule ou en avant comme dans le sommeil normal ; les membres sont absolument flasques et retombent inertes lorsqu'on les soulève ; les yeux sont tantôt complètement fermés, tantôt entr'ouverts ; les paupières sont parfois agitées d'un léger frémissement, et les globes oculaires sont la plupart du temps convulsés en haut.

La peau est insensible aux excitations. La piqûre, le pincement ne provoquent aucune réaction. Mais les sens spéciaux ne sont qu'assoupis, car il suffit d'adresser la parole à Marie, même d'une voix modérément forte, pour changer l'état léthargique en somnambulisme. Elle répond alors aux questions qu'on lui pose, qu'elle entend et comprend très bien.

L'*hyperexcitabilité nevro-musculaire* est très prononcée. En frictionnant légèrement avec le bout du doigt les muscles fléchisseurs des doigts et des avant-bras, on détermine une contracture artificielle des membres supérieurs. Nous pouvons, par une manœuvre analogue sur le muscle sterno-mastoïdien, produire le *torticolis artificiel*, et enfin, en opérant de même sur les muscles du cou, du dos, des cuisses et des jambes, obtenir un état de raideur générale tel, que si nous plaçons la tête de Marie sur une chaise et les pieds sur une autre, le corps reste ainsi rigide pendant un temps fort long, pouvant même supporter une pression de 20 et 25 kilog. sur le ventre sans plier.

C'est grâce à ces contractures provoquées et qui persistent après la disparition de l'état léthargique, si on ne les fait pas disparaître auparavant, que Marie endormie et mise contre un mur ne peut à son réveil s'en éloigner malgré d'énergiques efforts.

L'état léthargique peut durer fort longtemps quand on l'abandonne à lui-même, et nous avons assisté plusieurs fois à de véritables attaques de sommeil. Ce sommeil léthargique, avec flaccidité du corps, avec ralentissement du pouls et de la respiration et inertie fonctionnelle de tous les organes, dura un jour près de 48 heures, pendant lesquelles Marie resta dans l'immobilité la plus absolue sans boire ni manger. Une crise épileptoïde, provoquée par la compression de l'ovaire droit, la fit sortir en quelques minutes de cet état, étonnée, n'éprouvant aucune fatigue, aucun besoin à satisfaire, et ne se rappelant de rien.

Catalepsie. — Si, dans cet état léthargique, nous ouvrons les yeux de Marie à la lumière, un nouvel état se produit. Les yeux restent grandement ouverts et sans clignement ; les larmes, qui ne sont plus conduites vers les points lacrymaux, tombent goutte à goutte sur les joues ; le regard est fixe ; pas un trait du visage ne bouge, la physionomie est impassible ; les mouxements respiratoires sont rares et superficiels ; les membres sont souples, se laissent facilement déplacer dans tous les sens et gardent sans effort apparent toutes les positions les plus difficiles à maintenir ; le corps, placé dans l'attitude la plus forcée, se maintient en parfait équilibre sans que le plus léger tremblement trahisse une fatigue des muscles ; il est comme pétrifié sur place. Marie est en *catalepsie*.

Aussitôt cet état produit, l'hyperexcitabilité neuro-musculaire, si prononcée dans le premier état, a disparu ; les réflexes tendineux sont très amoindris, pour ne pas dire abolis ; l'anesthésie est absolue, et on peut pincer, piquer, brûler Marie sans qu'elle manifeste la moindre sensibilité. Cependant l'ouïe, mais surtout la vue, conservent presque toute leur activité, permettant d'impressionner notre malade par voie de *suggestion* et de lui susciter des impulsions automatiques de toute sorte.

C'est ainsi que, captant par notre regard celui de Marie mise en catalepsie et faisant tourner devant elle nos deux poings l'un autour de l'autre avec vivacité, nous la voyons au bout de quelques secondes se mettre à tourner elle aussi ses poings comme nous le faisons nous-même, et ce mouvement, commencé lentement et maladroitement, va augmentant peu à peu de vitesse jusqu'à égaler le nôtre en rapidité et en précision.

De même, si nous étendons le bras, Marie étend lentement le sien ; si nous marchons ou si nous courons, Marie nous suit machinalement ; en un mot, tous nos mouvements perceptibles par la vue sont automatiquement imités. Marie, dès lors, ne nous quitte plus et nous poursuit même à travers mille obstacles de son regard impassible, en quelque sorte rivé à un point donné de notre personne. Par la *prise du regard*, nous avons obtenu un état particulier cataleptoïde, la *fascination*.

Nous pouvons alors disposer de ce regard à notre gré, le transporter où bon nous semble, et cela par le simple passage de notre doigt indicateur devant l'axe visuel de Marie qui, abandonnant aussitôt son premier point d'attache et suivant invariablement notre doigt, contracte bientôt un nouveau point de fixité absolue à l'endroit qu'il lui indique et qu'il touche.

Ce n'est pas seulement par la vue que Marie en catalepsie est susceptible d'être suggestionnée, mais bien aussi par le *sens musculaire*, à l'aide des *attitudes provoquées*. Nous reviendrons sur ce fait remarquable quand nous parlerons des phénomènes de suggestion observés chez notre intéressant sujet.

Enfin si, pendant que Marie est en catalepsie, nous lui fermons un œil, le côté correspondant du corps retombe en léthargie, tandis que l'autre reste en catalepsie, et nous obtenons ainsi l'*hémi-catalepsie* et l'*hémi-léthargie*, chaque côté présentant indépendamment de l'autre les phénomènes propres à chacun de ces états hypnotiques différents.

C'est ainsi que nous pouvons provoquer l'*aphasie* en catalepsiant le lobe cérébral gauche qui préside à la parole, et ici nous nous trouvons en face d'une anomalie peu commune. Comme cette catalepsie se produit le plus souvent par l'intermédiaire des fibres croisées du chiasma optique, c'est en ouvrant l'œil droit que l'on met d'ordinaire le lobe gauche en catalepsie et par conséquent que l'on provoque l'aphasie. Or, ce n'est pas ce qui a lieu chez Marie, et c'est l'ouverture de l'œil gauche qui produit le phénomène d'arrêt de la parole articulée. Chez elle, les fibres directes du chiasma sont donc les voies de l'action catalepsiante.

Expérience. — Marie est mise en léthargie et passe rapidement en somnambulisme, yeux fermés. Nous lui ordonnons de compter à haute voix : 1, 2, 3, 4, etc. Au chiffre 9, nous lui ouvrons l'œil droit ; l'énumération continue, à notre grand étonnement : 10, 11, 12, etc. Nous refermons alors l'œil droit et ouvrons le gauche au moment où Marie va annoncer le chiffre 23. Aussitôt la parole s'arrête au milieu du mot « vingt-... ». Refermant alors l'œil, et par conséquent faisant disparaître l'état cataleptique, Marie achève aussitôt le mot commencé : « ...trois » et continue 24, 25, 26, etc., jusqu'à ce que nous lui commandions de s'arrêter.

L'état cataleptique peut persister plusieurs heures chez Marie si nous la laissons livrée à elle-même. Pour le faire cesser, il suffit de lui fermer les yeux en abaissant doucement les paupières avec les pouces. Les membres reprennent alors rapidement leur position normale et leur flaccidité ; Marie retombe aussitôt en léthargie.

Somnambulisme. — Si alors nous opérons une légère friction sur le vertex, ou même si tout simplement nous adressons la parole à Marie, une troisième phase de l'hypnose apparaît, c'est le somnambulisme.

Ce nouvel état s'obtient aussi primitivement chez Marie soit par la fixation du regard, soit par le tic-tac d'une montre, soit par une rapide occlusion des paupières sans pression sur les globes oculaires, soit enfin par simple suggestion, comme nous le verrons plus loin.

L'habitude des pratiques hypnotiques a accentué encore davantage chez Marie l'aptitude déjà si développée au sommeil nerveux, et un simple regard, une surprise légère, la fixation très courte d'un objet quelconque, la font instantanément tomber dans un état léthargoïde qui se transforme de lui-même et en quelques secondes en somnambulisme.

Marie, à l'état de somnambulisme, a tantôt les yeux complètement fermés, tantôt à demi-ouverts ; elle répond aux questions qu'on lui pose avec lenteur en entr'ouvrant très peu les lèvres et à voix très basse.

L'hyperexcitabilité neuro-musculaire n'existe pas, les réflexes sont normaux ou très légèrement amoindris, la motilité volontaire semble s'exercer librement, mais un attouchement cutané léger, un souffle presque imperceptible suffisent à produire une rigidité des muscles sous-jacents, rigidité qui va jusqu'à la contracture. Celle-ci ne cède pas à la malaxation des muscles antagonistes, comme dans la contracture léthargique, pour laquelle on la prendrait facilement au premier abord, et disparaît au contraire en frictionnant les muscles contractés eux-mêmes.

La sensibilité cutanée est abolie. La piqûre, le pincement, la brûlure ne provoquent de la part de Marie aucune réaction, et cependant les sens spéciaux sont exaltés d'une façon remarquable, comme le prouvent les expériences suivantes :

Marie est mise en somnambulisme au milieu d'une nombreuse assistance. Elle a les yeux presque fermés, et sur notre ordre fait le tour de la sociéte, recevant de chacun une ou plusieurs pièces de monnaie, dont quelques-unes se ressemblent absolument. Réveillée quelques instants après, elle paraît très étonnée de se trouver des pièces de monnaie entre les mains. Nous la remettons en somnambulisme et, lui disant ce qui s'est passé, nous l'invitons à restituer à chacun de nous la pièce qu'il lui a donnée. Après quelques instants d'immobilité, elle fait cette restitution sans commettre une seule erreur, flairant tour à tour chacune des pièces qu'elle a dans la main et la personne qu'elle a devant elle.

Une autre fois, une vingtaine de morceaux de papier parfaitement égaux et blancs sont placés sur une table. Nous en prenons quatre, que nous marquons d'un signe imperceptible seul reconnaissable pour nous. Après les avoir fait passer rapidement devant les yeux de Marie, nous les mélangeons aux autres. Un autre assistant les prend également et les mêle avec soin, puis les rend à Marie en la priant de nous remettre les quatre morceaux que nous avons marqués. Marie trie lentement ces papiers et, sans grande hésitation, nous les donne, en ne se trompant que pour un seul et une seule fois.

Enfin, nous avons pu dans cet état faire lire à Marie, qui d'ordinaire a la vue assez courte, un passage de journal écrit en petits caractères et placé à plus d'un mètre de ses yeux.

Il est évident que l'explication de ces faits est dans l'hyperacuité des sens spéciaux chez notre somnambule.

Les facultés intellectuelles, mais surtout la mémoire, sont également exaltées pendant le sommeil somnambulique, et Marie nous raconte alors des détails de son existence qu'elle ne s'était plus rappelés à l'état normal. Elle nous remet en mémoire des faits de la plus minime importance dont le souvenir s'était depuis fort longtemps effacé de notre mémoire et que nous reconnaissons exacts après contrôle.

Enfin, le réveil a lieu soit immédiatement par un léger souffle sur les yeux ou par suggestion, comme nous le verrons plus loin, soit de lui-même, mais alors au bout d'un temps plus ou moins long, car l'état somnambulique abandonné à lui-même paraît avoir tendance à se transformer à son tour chez notre sujet en sommeil léthargique.

Ce réveil a lieu progressivement, comme celui du sommeil

normal. Marie fait quelques mouvements, porte ses mains à ses yeux comme pour écarter un voile qui serait devant eux, entr'ouvre les paupières et, regardant lentement autour d'elle, paraît sortir d'un profond sommeil naturel. L'amnésie est complète ; Marie n'a pas la moindre souvenance de ce qui s'est passé pendant son sommeil et n'a pas même conscience de s'être endormie ; les instants qu'elle passe dans l'hypnose sont autant de feuillets blancs de son existence.

SUGGESTIONS. — Les phénomènes les plus remarquables que nous offre notre intéressante malade sont les phénomènes *suggestifs* que l'on provoque chez elle avec une facilité extraordinaire, *tant pendant son sommeil hypnotique qu'à l'état de veille.*

Nous avons dit que, dans les trois états hypnotiques par lesquels pouvait passer Marie, la sensibilité spéciale était toujours plus ou moins en éveil, et que par son canal on pouvait à chaque instant l'impressionner et parvenir jusqu'à elle, même quand en apparence elle semblait le plus étrangère au monde extérieur. Aussi est-ce par ces sens spéciaux, et particulièrement par la vue et l'ouïe, que nous avons pu obtenir par suggestion tout une série d'actes involontaires, impulsifs et absolument automatiques exécutés à notre commandement et pouvant même se produire longtemps après celui-ci. Ce sont les actes par *suggestion.*

I. — *Suggestions provoquées pendant l'état cataleptique.*—Tout d'abord, disons un mot des actes suggestifs provoqués par la voie des sens de la vue, de l'ouïe et du sens musculaire *pendant l'état cataleptique*

Dans cet état, nous avons déjà vu Marie imiter automatiquement tous les mouvements exécutés devant elle, moulinet des poings, marche, danse, grimaces et poses. Nous la voyons aussi impressionnée par les sensations auditives et, comme par un simple acte réflexe, sa physionomie changer suivant l'impression causée par une de ces sensations. Au miaulement du chat, qu'elle aime, sa figure sourit, tandis qu'à l'aboiement du chien, dont elle a peur, elle exprime l'inquiétude et la crainte.

Le sens musculaire, à l'aide des *attitudes provoquées*, nous fait

9

assister également à des phénomènes suggestifs remarquables qui se produisent avec une netteté surprenante. Si nous plaçons les membres de Marie en catalepsie dans l'attitude du pugilat, par exemple, nous ne tardons pas à voir sur sa physionomie jusque-là impassible se peindre l'image de la colère et du défi. Si nous rapprochons les mains des lèvres comme pour envoyer un baiser, les traits deviennent tendres et souriants. La faisons-nous agenouiller dans l'attitude de la prière, aussitôt le visage prend l'expression du recueillement et même de l'extase. Cet état dure quelques instants, puis tout à coup la vision s'efface, les traits se détendent, la physionomie redevient impassible, et Marie retombe dans son immobilité marmoréenne.

Mais c'est l'ouïe qui nous donne la plus large voie à la production des phénomènes suggestifs. C'est que l'ouïe est plus que tout autre un sens à impressions profondes. Il va droit au cerveau, et c'est par lui que les facultés de l'hypnotisée, délivrées du joug de sa volonté propre, peuvent le plus facilement et d'une façon directe subir l'action tyrannique d'une volonté étrangère.

Par l'ouïe, nous sommes absolument maître de Marie. L'empire que nous exerçons sur elle par l'intermédiaire de ce sens n'est pas seulement *absolu*, mais encore *exclusif*. Tant que nous voulons la tenir sous notre charme (c'est l'expression consacrée), il n'y a plus pour elle personne que nous à ses côtés, quoique au milieu de nombreux assistants. Personne ne peut s'emparer de son esprit et de ses sens si nous ne le voulons pas. Mais aussi combien vite sommes-nous oublié pour un autre *charmeur* dès que nous abandonnons un seul instant notre influence.

Cette aptitude extraordinaire à la suggestion existe, comme nous l'avons déjà dit, chez Marie aussi bien à l'état hypnotique qu'à l'état de veille, et nous ne saurions ici raconter toutes les expériences auxquelles nous nous sommes livré depuis plusieurs mois sur notre sujet. Nous allons nous contenter d'en donner un aperçu succinct en ne relatant que les principales.

II. — *Suggestions provoquées dans l'état de somnambulisme.* —Un premier ordre de suggestions est constitué par les illusions et les hallucinations de toute sorte que l'on peut provoquer sur les sens spéciaux. A notre volonté et sur notre simple affirmation, chaque objet peut devenir, chez Marie, le point de départ d'une fausse interprétation. Nous lui faisons croire que nous sommes un arbre, et elle nous grimpe dessus ; que le tapis qui recouvre le parquet est un bassin, et elle veut s'y baigner ; nous lui donnons un verre d'eau pour un verre de liqueur ; nous lui faisons respirer de l'ammoniaque pour de la violette et prendre chacun des assistants pour des personnes de sa connaissance.

Les hallucinations des sens ne sont pas moins faciles à provoquer. Nous donnons à Marie des objets imaginaires, fleurs, aliments, boissons, etc., qu'elle sent, mange et ingurgite en manifestant des réactions en rapport avec les soi-disant impressions perçues. C'est ainsi que, si nous lui persuadons qu'elle prise du tabac, elle se met à éternuer plusieurs fois, et que des nausées surviennent à la suite de l'ingestion imaginaire d'une infusion d'ipéca. Nous reproduisons devant Marie les images hallucinatoires de ses parents, en lui affirmant simplement qu'elle les a devant les yeux, et le sentiment que sa physionomie exprime est en rapport avec la sympathie qu'elle éprouve pour la personne qui lui apparaît. L'image de son père amène sur son visage une expression de profonde tristesse et de répulsion ; celle de sa mère la rend, au contraire, joyeuse, et elle lui envoie un baiser; enfin, celle de son enfant amène une explosion de sanglots et de larmes.

Il nous est très facile, par la suggestion, de provoquer à Marie une cécité unilatérale ou complète ; de lui persuader qu'elle est seule alors qu'un grand nombre de personnes l'entourent. On peut la rendre muette, sourde, la priver d'odorat, sur la simple affirmation qu'elle ne peut ni entendre, ni parler, ni sentir.

Du côté de la sensibilité cutanée, nous pouvons également provoquer par suggestion les troubles les plus divers. La rendre insensible d'un côté ou d'un autre, ou bien totalement ; lui faire rapporter toutes les impressions périphériques à un point donné de son corps, au bout du nez, par exemple, et si nous la piquons alors au bras ou à la cuisse, c'est au bout de son nez qu'on la voit porter la main en se plaignant qu'on la pique en cet endroit.

Nous agissons également sur l'activité musculaire, et nous provoquons alternativement chez Marie des paralysies ou des contractures des membres en lui affirmant tantôt que ceux-ci sont inertes et ne peuvent être remués, tantôt qu'ils sont roides et ne peuvent se détendre.

La suggestion, enfin, peut porter sur les organes splanchniques, et nous provoquons des nausées en administrant un vomitif imaginaire. Un verre d'eau pure, que nous baptisâmes purgatif énergique, procura un jour une selle diarrhéique après une longue constipation opiniâtre que nous avions en vain combattue par un purgatif réel. De même, en dehors de l'époque menstruelle, nous suggérons à Marie qu'elle aura ses règles le soir même, et nous assistons au moment désigné à tous les phénomènes congestifs et douloureux qui caractérisent ordinairement ce travail physiologique. Nous n'avons cependant jamais obtenu dans ce cas l'écoulement de sang.

A l'aide de ces différentes suggestions, nous pouvons créer une série de petites scènes somnambuliques plus ou moins mouvementées et faire assister, par exemple, Marie à une magnifique représentation théâtrale, où elle nous paraîtra charmée par la vue et par l'ouïe, et nous racontera avec joie ses délicieuses impressions. Disons-nous à Marie qu'elle est en bateau sur une mer agitée, nous la voyons inquiète, se cramponner à sa chaise, manifestant une grande terreur et même nous donner le spectacle d'une personne qui a un violent mal de mer. Nous n'avons pas prolongé outre mesure cette scène pénible, mais certainement, si nous avions persisté, les nausées, qui commençaient à présenter une intensité inquiétante, auraient bien vite dégénéré en véritables vomissements incoercibles. Nous mettons de même Marie dans une ivresse profonde en lui faisant boire quelques petits verres d'eau pure que nous lui disons être de l'eau-de-vie.

Le sentiment de la personnalité n'est pas épargné par la suggestion. En un tour de main, nous transformons Marie en homme, en animal, en nourrice ou en nourrisson ; en un brillant officier allant demander raison d'un outrage, se battant en duel et tombant blessé au cœur ; en prêtre convertissant le peuple du haut d'une chaire, en vieille femme ou en bébé, en Jeanne Darc sur le bûcher, etc., etc. Changée à notre gré en statue de verre ou de marbre, elle évite dans le premier cas nos attouchements, de peur d'être brisée, et brave nos coups dans le second, nous affirmant que c'est nous qui nous blesserons contre elle.

Marie, à l'état de somnambulisme, est l'esclave de l'expérimentateur. Elle réagit d'une façon automatique aux ordres qu'on lui donne ; sur notre injonction, on la voit se transpercer le bras avec une épingle ou se précipiter aveuglément, le couteau à la main, sur une personne hallucinatoire qu'on lui aura ordonné de tuer.

Enfin, une des suggestions les plus curieuses est celle du *réveil*. En intimant à Marie, d'une voix impérative, l'ordre de se réveiller, on la voit se frotter les yeux, cligner quelques secondes, regarder avec étonnement autour d'elle et se trouver enfin tout à fait réveillée, mais sans la moindre conscience de tout ce qui s'est passé pendant son sommeil somnambulique.

Nous avons dit que toutes les suggestions ne duraient qu'autant que persistait l'état hypnotique lui-même et disparaissait au réveil ; mais si nous disons à Marie avec une certaine autorité qu'une suggestion donnée pendant le somnambulisme persistera à l'état de veille ou bien se créera d'emblée après le réveil, cet ordre sera accompli avec une exactitude surprenante, et, ce qui est important, dans tous les cas l'auteur de la suggestion lui sera absolument inconnu.

Il nous suffit, par exemple, de dire à Marie préalablement mise en somnambulisme : « Quand vous vous serez réveillée, vous vous trouverez seule dans une chambre ; dans le fond de celle-ci, vous apercevrez un homme dormant dans un fauteuil. Vous prendrez ce couteau et vous irez le poignarder. » Aussitôt cette suggestion faite, nous réveillons Marie et causons de choses et d'autres avec les assistants. Quelques instants après, nous voyons Marie se lever, sombre, haletante, les yeux hagards, regardant autour d'elle si personne ne la voit, s'arrêtant à chaque pas pour écouter si quelqu'un n'approche pas de la porte, et le poing fermé, le bras à demi-fléchi et appliqué contre sa poitrine, se diriger à petits pas vers un coin de la salle, atteindre un fauteuil où l'un des assistants fait semblant de dormir, et là plonger vivement son arme imaginaire dans le cœur de sa victime. Puis Marie revient s'asseoir tranquillement à sa place et se remet à écouter notre conversation comme si de rien n'était. Interrogée avec sévérité sur ce qu'elle vient de faire, elle nie absolument avoir quitté sa chaise et se défend avec une énergie et des accents que peut seule avoir une conscience tranquille. Un instant après, nous nous approchons de Marie et, attirant son attention, nous lui disons : « Marie, rappelez-vous ce qui vient de se passer, je vous l'ordonne. » Marie reste un moment interdite, les yeux fixes, la physionomie impassible, puis tout à coup fond en larmes, tombe à genoux et implore son pardon. Pour effacer cette impression pénible, nous nous empressons de la mettre en léthargie et de la réveiller ensuite. Aussitôt Marie a repris toute sa gaieté, plaisante et converse avec son entourage.

Les hallucinations peuvent être suggérées à Marie pendant le somnambulisme pour se développer à une échéance plus ou moins longue. Nous lui suggérons, par exemple, de nous prendre dans six jours une fleur que nous porterons à notre boutonnière à la visite du matin, et, au jour dit, elle s'approche furtivement de nous et nous dérobe la fleur imaginaire.

Une autre fois, la suggestion se produisit à plus d'un an d'intervalle, sommeillant en quelque sorte pendant ce temps-là dans les cellules cérébrales, pour se réveiller à l'occasion d'une impression visuelle déterminée. Un magistrat de Rouen vint un jour à l'asile et, par suggestion, procura à Marie, pour le soir, un repas succulent, avec mets exquis, fruits délicieux, vins fins, café, liqueur et... cigarette. Nous lui suggérâmes ensuite d'adresser à ce magistrat, dès qu'elle le reverrait, ses remerciements en termes que nous précisâmes, et l'on ne parla plus de rien. A plus d'un an de là, le magistrat revint à l'asile. Marie, dans son état normal, ne le reconnut pas. Sur la demande que nous lui fîmes : « Marie, connaissez-vous monsieur ? » elle nous répondit : « Non. » Cette réponse ne nous surprit point, car Marie n'avait vu cette personne qu'à l'état somnambulique. Nous provoquons le somnambulisme yeux ouverts, et, après avoir regardé fixement le magistrat pendant quelques secondes, Marie se répandit en remerciements de toute sorte, lui rappelant sa générosité, lui disant que jamais elle n'avait fait un aussi bon repas, qu'elle avait même fumé une cigarette d'excellent tabac, se servant pour cela des termes exacts que nous lui avions suggérés plus d'une année auparavant.

III. — *Suggestions provoquées dans l'état de veille.* — Nous venons de voir la suggestion provoquée à l'état de somnambulisme pouvant à notre gré et sur notre simple injonction soit persister, soit se développer à échéance variable à l'état de veille. Mais la susceptibilité de Marie est bien plus grande encore et nous pouvons l'influencer directement à l'état de veille. Cette influence paraît provoquer une modalité tantôt latente des cellules cérébrales, qui à un moment donné se révèle par l'accomplissement irrésistible de l'acte commandé, tantôt une véritable obsession de tous les instants qui ne se calme que lorsque la suggestion se réalise.

Ainsi nous affirmons un matin à Marie que le soir en se couchant elle aura les deux bras paralysés au moment où elle voudra se déshabiller ; le soir même, au moment dit, les bras sont, en effet, inertes, et se refusent à tout mouvement volontaire. Pendant toute la journée, Marie avait été fort tourmentée de l'accident qui devait lui survenir le soir.

Pour détruire ces dernières suggestions, il suffit d'affirmer à Marie, toujours à l'état de veille, que toute paralysie a disparue et qu'elle peut mouvoir ses membres. Cette suggestion contraire détruit la première, la plupart du temps, mais parfois nous devons recourir au sommeil léthargique pour voir se réduire d'elles-mêmes ces paralysies ou ces contractures suggérées et persistantes.

Ce degré de suggestibilité à l'état de veille, est un fruit de l'éducation hypnotique et nous n'avons jamais eu l'occasion de l'observer d'emblée, C'est qu'il faut certainement, pour en arriver à une impressionnabilité pareille, que les cellules cérébrales reçoivent nn entrainement, une modalité spéciale en vertu de laquelle leurs propriétés psychiques telles que la crédibilité, l'émotivité, l'imagination, soient surexcitées au point de ne plus pouvoir être dirigés et refrénées par la raison et la volonté. Il y a là une défaillance momentanée de l'activité volontaire que l'usage des pratiques hypnotiques tendent à provoquer de plus en plus facilement et que l'habitude peut aisément transformer en passivité absolue.

Chez Marie, nous devons à la vérité de dire que cette susceptibilité psychique s'est rapidement accrue avec les nombreuses séances d'hypnotisme auxquelles nous l'avons soumise, tant pour nos expériences purement scientifiques que dans un but de traitement, par exemple, pour conjurer des crises d'agitation maniaque ou des attaques d'hystéro-épilepsie. Par contre, depuis que, grâce à une amélioration notable dans l'état général dû a ce traitement, nous avons progressivement éloigné et même cessé entièrement ces pratiques hypnotiques. Cette sensibilité tend singulièrement à s'émousser.

Nous avons pu provoquer chez Marie, à l'état de veille des illusions et des hallucinations de tous les sens, lui faire manger par exemple, un radis pour une cerise, boire de l'eau claire pour une liqueur fortement alcoolisée et aromatisée, sentir un chiffon de papier pour un bouquet de roses, apercevoir le portrait d'un ami sur un morceau de papier blanc, etc., etc. Ces expériences peuvent se varier à l'infini et ont toutes le même succès.

Non-seulement nous *pervertissons* à notre gré la sensibilité générale et spéciale, mais nous pouvons même l'*anéantir* comme à l'état somnambulique, et c'est une chose fort étonnante de voir Marie à l'état de veille, devenir, sur notre simple affirmation insensible, alternativement, d'un côté ou d'un autre, ou même ne plus sentir du tout, au point que nous pouvons alors traverser sous ses yeux son bras avec une épingle, sans qu'elle ne manifeste la moindre douleur et sans qu'une goutte de sang ne s'écoule de la piqûre.

L'analgésie par suggestion, peut être telle que l'on peut pratiquer une opération chirurgicale sans provoquer la moindre douleur. Marie souffrait un jour d'une dent cariée, et la douleur ne lui laissait, depuis deux jours, ni trêve ni repos. Après l'avoir mise en somnambulisme, nous lui affirmâmes que toute douleur aurait disparu au réveil. C'est, en effet, ce qui eut lieu à son grand contentement. Puis dans la journée, nous lui suggérâmes à l'état de veille, que tout le côté gauche de la tête était absolument insensible, insistant sur la nécessité de profiter de cette anesthésie momentanée pour faire disparaître la dent en question qui certainement ne tarderait pas à la faire beaucoup souffrir. Marie se laissa facilement persuader, et nous pressa même de faire au plutôt cette opération. Profitant de ces bonnes dispositions, nous pratiquâmes de suite l'extraction d'une grosse molaire fortement implantée dans son alvéole, et il n'y eut pas plus de manifestation de sensibilité que si nous lui eussions coupé une mèche de cheveux. Notre patiente riait, au contraire, et s'émerveillait sur notre puissance d'arracher ainsi les dents sans douleur.

Ces suggestions hallucinatoires peuvent être données pour ne se développer qu'à une échéance plus ou moins lointaine et bien souvent Marie a vu le matin sur son lit une assiette de dragées ou de fleurs dont nous lui avions, la veille, suggéré l'apparition à son prochain lever.

La *crédibilité* de Marie est telle que nous déterminons chez elle des hallucinations rétrospectives, quelquefois contraires aux impressions vraies qu'elle a justement reçues et éprouvées,

Marie, un jour, avait vu tomber une de ses compagnes dans l'escalier, Celle-ci ne s'était fait qu'une légère contusion à la jambe gauche et s'était aussitôt relevée pour aller se promener. Nous dîmes à Marie, le lendemain, que sa compagne s'était cassée la jambe dans sa malheureuse chute : « vous plaisantez, nous répond-elle, je sais bien que ce n'est pas vrai, puisque c'est moi qui l'ai aidée à se relever et nous nous sommes ensuite promenées ensemble toute la soirée. »—«Non, vous vous trompez, répliquons-nous, vous savez bien qu'elle s'est cassée la jambe et que vous lui avez pansé une large plaie d'où s'échappait beaucoup de sang ; rappelez-vous bien et vous verrez que ce que je vous dis est la vérité. » — Marie réfléchit un moment, puis, sa physionomie s'assombrit, elle a un serrement de cœur, se met à pleurer et nous dit en sanglottant : « c'est vrai ! pauvre amie !

quel malheur!... pourvu qu'elle n'en meure pas, elle a perdu tant de sang ! »...

L'activité musculaire est également impresssonnée par la suggestion à l'état de veille et nous pouvons instantanément provoquer à notre guise des paralysies et des contractures. Nous rendons Marie muette, en lui affirmant qu'elle ne peut plus ouvrir la bouche, aveugle en lui disant simplement que ses paupières ne peuvent s'ouvrir. Nous la fixons par la parole sur une chaise d'où elle ne peut plus se lever, nous l'enfermons dans un cercle de craie blanche qu'elle ne peut franchir malgré des efforts énergiques. Elle trépigne, elle s'impatiente et ce n'est que sur notre permission qu'elle en peut sortir. Nous produisons chez elle des mouvements automatiques indéfinis, trépignement sur place, battement des mains, moulinets interminables, etc., etc. Une suggestion contraire peut, sur le champ faire cesser ces mouvements irrésistibles.

Enfin, et pour terminer, la puissance de la suggestion est telle chez notre sujet que nous pouvons par simple commandement la faire passer par toutes les phases de l'hypnotisme le plus complet. Il nous suffit de lui dire : « fermez vos yeux et dormez » ou « quand midi sonnera vous dormirez » ou bien encore « comptez et quand vous serez arrivé au nombre 25, vous dormirez, » et au moment indiqué les yeux se ferment, la parole s'arrête et l'hypnose est établie. Bien plus, Marie s'hypnotise elle-même et comme elle sait que bien des fois, par ce procédé nous lui avons évité nombre de crises, il lui est arrivé, lorsqu'elle sentait s'approcher un orage, de se suggérer le sommeil par une ferme volonté et de s'endormir dans une léthargie profonde pour se réveiller dans un ciel serein.

Outre cet état de sensibilité hypnotique extrême, Marie est encore sujette à des crises d'hystéro-épilepsie complètes et présente de temps des accès d'agitation maniaque avec désordre général et délire hallucinatoire et impulsif.

Ces accès sont parfois d'une violence extrême, d'une durée variable de 8 à 15 jours et nécessitent des soins et une surveillance de tous les instants, à cause des impulsions au suicide qui se manifestent souvent. Des tentatives ont même eu lieu à plusieurs reprises et par des moyens très divers. Ainsi Marie avala un jour, dans un de ces accès d'agitation maniaque, une vingtaine de petits cailloux de la grosseur d'une petite noix dont elle rendit le dernier sans accidents six jours après.

Pendant ces accès d'agitation, l'hypnotisme ne peut pas, la plupart du temps, être pratiqué et ce n'est qu'avec toutes les peines du monde et une insistance excessive que nous sommes parvenu quelquefois à l'obtenir, provoquant ainsi une accalmie momentanée sinon définitive.

A deux reprises, l'état maniaque n'étant pas très prononcé, nous avons obtenu le sommeil somnambulique par les procédés ordinaires et en multipliant les suggestions, nous avons pu maintenir Marie dans un calme complet qui se termina par la cessation complète de l'accès.

Mais c'est dans le traitement des crises convulsives d'hystéro-épilepsie que l'hypnotisme nous a rendu les plus réels services.

La plupart du temps la crise débute d'une façon subite et atteint rapidement une intensité extrême ; elle revêt successivement les deux formes *épileptoïde* et *clonique* et se termine assez souvent par une attaque de sommeil, d'où Marie sort courbaturée, rompue et toute endolorie. Parfois des contractures persistent au réveil et celles-ci affectent tantôt les fibres musculaires volontaires, tantôt les fibres lisses de la vie organique. C'est ainsi que nous avons eu à constater une contracture rebelle à tout traitement et à peine sensible à l'aimant des fibres lisses de l'intestin, contracture qui a duré environ 2 mois et nous a fait craindre à plusieurs reprises un *ileus nerveux* grave, provoquant par moment les symptômes les plus caractéristiques d'une obstruction intestinale parfaite.

Ces crises convulsives surviennent soit à l'occasion de la menstruation, soit à propos d'une contrariété ou simplement de l'ennui et ont une telle intensité que nous devons, pour prévenir des accidents, intervenir par l'anesthésie prolongée à l'éther et au chloroforme.

Depuis trois mois, nous avons laissé Marie entièrement livrée à elle-même. Nous avons supprimé toute pratique hypnotique, nous contentant de lui éviter avec soin toute contrariété, obéissant à beaucoup de ses fantaisies, lui laissant une grande liberté d'action dans l'asile et cherchant en un mot par tous les moyens possibles à adoucir son existence. Or, nous devons constater aujourd'hui une amélioration notable et persistante dans l'état général, en même temps qu'une absence absolue d'agitation maniaque et de crises convulsives. La sensibilité hypnotique même que nous avons légèrement tâtée, nous a paru ne plus avoir l'excessive acuité que nous lui connaissions.

Nous nous contenterons pour le moment, de noter sans réflexions cette coïncidence de la suppression des pratiques hypnotiques avec l'amélioration générale progressive que nous nous plaisons à constater depuis trois mois chez notre intéressante malade, nous réservant de faire connaître plus tard, s'il y a lieu, les nouveaux résultats d'une observation qui se continue.

OBSERVATION X. — Dr E. CORTYL.

Hystéro-épilepsie simple. — Hypnotisme. — Guérison.

Clarisse L..., qui fait l'objet de cette observation, est admise
à l'Asile de Saint-Yon. le 26 février 1886, par transfèrement de
celui de Villejuif.

Notre malade est née 18 janvier 1870; au Tréport. Son père,
homme robuste et vigoureux, exerçait la profession de mécani-
cien à bord d'un vapeur anglais ; il était d'une bonne santé habituelle et n'avait pas d'habitudes alcooliques. Sa mère, âgée
aujourd'hui de 40 ans, d'un tempérament nerveux, éprouvait
de temps à autre, nous raconte notre jeune malade, des faiblesses
avec perte de connaissance. (?) Les grands parents, du côté
paternel sont morts du choléra, ceux du côté maternel ne pré-
senteraient rien de particulier.

Vers la fin de 1884, on constata chez le père de Clarisse L...
un affaiblissement de la mémoire suivi de délire ambitieux, qui
nécessita en février 1885, un traitement dans un établissement
d'aliénés où il fut reconnu de folie paralytique.

Clarisse L... ne peut nous donner des renseignements bien
précis sur les premières années de sa vie, elle ignore si elle a eu
des convulsions, mais nous apprend que deux de ses frères et
une sœur sont morts à la suite d'une affection de cette nature ;
que de ses quatre frères qui existent encore, deux jouissent
d'une bonne santé, un troisième est nerveux et le quatrième,
âgé de 14 ans, est actuellement sequestré à l'Asile de Quatre-
Mares, manifestant de fréquentes impulsions au suicide, des
accès de colère subite et une perversion morale marquée.

Pendant son enfance, Clarisse L... était d'un caractère moins
enjoué que les enfants de son âge, moins expansive et ne parti-
cipait que rarement à leurs jeux. A l'école, elle ne s'assimilait
que bien difficilement ce qu'on lui enseignait, sa mémoire était
paresseuse et ce n'est guère que vers l'âge de 10 ans que ses
facultés se développèrent. Elle apprit alors avec moins de diffi-

cultés ses leçons et acquit une aptitude normale pour les travaux manuels. A 13 ans, elle possédait les connaissances ordinaires aux enfants de son âge.

Pendant qu'elle fréquentait l'école, la plus légère contrariété l'agaçait, ses membres se roidissaient, mais *elle ne perdait pas connaissance.* Lorsqu'elle apprit la maladie et la séquestration de son père, le chagrin et l'émotion qu'elle en ressentit furent tels que brusquement elle fut saisie d'une roideur générale, ses dents restèrent serrées, ses poings crispés et la tête fixée. Depuis cette époque, une impression un peu vive, la chute bruyante d'un objet quelconque, les aboiements d'un chien, l'apparition subite d'une personne, etc., devinrent autant de causes déterminant les mêmes phénomènes nerveux. Cet état de contracture n'était jamais accompagné ni suivi de perte de connaissance ; sa durée variait de cinq à dix minutes.

Un peu plus tard, Clarisse L... constata quelques mouvements spasmodiques, irréguliers, involontaires, peu étendus, d'abord dans les membres du côté gauche, puis à droite. Ces mouvements convulsifs augmentèrent rapidement et l'enfant fut admise à l'hôpital Trousseau. Elle était atteinte de chorée. Après trois mois de traitement elle sortit guérie. Pendant les deux premiers mois de sa maladie il était impossible à la malade de se tenir debout, de saisir un objet quelconque, elle était incapable de porter ses aliments à sa bouche.

A peine rentrée chez sa mère, notre jeune fille ressent de la constriction à la gorge, des douleurs abdominales. Sous l'influence de la plus légère émotion, les contractures des membres se reproduisent, les yeux se fixent, le tout, comme jadis, sans perte de connaissance.

En juillet 1885, un médecin conseille à la malade l'usage de l'hydrothérapie. Après la troisième ou la quatrième douche la mentruation apparaît s'accompagnant de phénomènes nerveux plus accentués ; sensation continue de la boule, étouffements, douleurs ovariques pendant toute la durée des règles. C'est à partir de ce moment que les idées de la malade se troublent. Elle ne se rend plus compte de ses actes, ne peut rester en place, manifeste des idées de suicide, veut se frapper d'un couteau, s'ouvrir les veines à l'aide de fragments de verre.

En présence d'une telle situation mentale, la mère se décide à faire traiter son enfant dans une maison de santé.

Clarisse L... est admise à l'Asile Sainte-Anne, le 8 octobre 1885, munie d'un certificat médical constatant : « qu'elle est « atteinte d'hystérie avec débilité intellectuelle, chorée, perver- « sité instinctive, extravagances, hallucinations de la vue, ter- « reurs subites, impulsions au suicide, hémianesthésie droite, « boule hystérique. Nécessité de soins spéciaux, hérédité mor- « bide, père aliéné en traitement à Sainte-Anne. » (Signé : P. Garnier).

La malade nous dit que peu de jours après son entrée à l'asile ses petites camarade lui ont affirmé qu'elle avait eu une attaque d'hystéro-épilepsie ; que plus tard, on lui avait assuré qu'elle était tombée à plusieurs reprises dans la même journée mais elle ajoute qu'elle n'a jamais eu conscience de son état.

Le 24 décembre suivant, Clarisse L... est transférée à l'Asile de Villejuif, d'où elle sort le 25 février 1886, pour être dirigée sur l'établissement de Saint-Yon.

Le lendemain, 26 février, dans l'après-midi, notre malade a une première attaque d'hystéro-épilepsie : chute. après aura boule hystérique, cri initial, convulsions toniques et cloniques, perte de connaissance et de souvenir. La crise dure une dizaine de minutes, elle est suivie d'une obnubilation intellectuelle de cinq à six minutes environ, puis tout rentre dans l'ordre.

Le 28, vers deux heures du soir, nouvelle attaque.

Le 1er mars, à la visite du matin, Clarisse L... paraît déprimée elle est triste, dit qu'elle s'ennuie, verse quelques larmes et au moment où elle nous fait part de ses chagrins, elle est prise de mouvements répétés et incoercibles de déglutition. Elle porte sa main à la gorge, pousse un léger cri et tombe en convulsions. Les membres sont roidis, la tête est fortement portée en arrière, le bassin propulsé en avant, le corps en arc de cercle, les pieds en extension forcée. Les convulsions cloniques, d'une extrême violence succèdent presque aussitôt, la malade exécute les mouvements les plus désordonnés, en un mot nous assistons à une attaque de la grande névrose que la compression des ovaires semble calmer. L'occlusion des yeux, dans le but d'hypnotiser le sujet, provoque une recrudescence de convulsions.

Après vingt minutes, environ, l'attaque cesse, mais tout le corps reste contracturé, les masséters participent à ces désordres il est impossible de desserrer les dents. Dans le but de faire cesser cette situation douloureuse, nous hypnotisons la malade au moyen de la montre appliquée à l'oreille. Clarisse L... tombe presque aussitôt en léthargie, les contractures cessent et dans le but de provoquer quelques heures de repos, nous lui suggérons qu'elle dormira jusqu'à onze heures, ce à quoi la malade s'empresse d'obéir en allant s'étendre sur le lit qu'on lui désigne. Elle dort d'un sommeil paisible jusqu'au soir. Comme elle ne s'était pas réveillée à l'heure du déjeaner, les surveillantes désirent lui faire prendre quelques aliments, la firent sortir de son sommeil, il était environ sept heures. Le réveil opéré, une nouvelle attaque convulsive a lieu. Celle-ci est de courte durée.

Le 2 mars, Clarisse L... est calme, gaie et s'occupe. Elle n'a conservé aucun souvenir de ses attaques et de son sommeil prolongé de la veille.

Les jours suivants et pendant la première quinzaine de son séjour, Clarisse a neuf attaques qui toutes sont suivies de quelques minutes d'obtusion intellectuelle. Chaque fois qu'elle sort de sa crise, elle manifeste de la frayeur, et semble sous le coup d'une hallucination terrifiante de courte durée, dont elle ne conserve pas lé souvenir.

Quoique ne constatant pas d'idées délirantes, nous n'en concluons pas moins au maintien de la séquestration, en raison du danger réel que court la malade lors de ses attaques.

En avril et mai, les attaques se reproduisent toujours à peu près les mêmes, à des périodes irrégulières mais par séries.

En juin, elles deviennent plus fréquentes.

En juillet, nous constatons des accès d'une durée moindre, mais parfois au nombre de vingt par jour.

C'est pendant le mois d'août que l'affection atteint son apogée;

c'est à tout instant que la malade est surprise et vers le 20 les attaques sont si fréquentes qu'elles se succèdent presque sans interruption pendant deux jours.

En septembre, diminution sensible.

Il en est de même en octobre, mais un jour nous trouvons Clarisse L... atteinte d'un accès de chorée qui a durée quarante-huit heures. Cet accès a cessé brusquement après hypnotisation pendant laquelle nous lui suggérons qu'à son réveil les mouvements convulsifs auraient cessé. Ce qui a eu lieu.

En novembre et décembre, les attaques diminuent encore de fréquence mais il suffit d'une légère contrariété pour en provoquer une. Toutes cessent aussitôt qu'on parvint à hypnotiser la malade.

En janvier 1887, nous commençons à suggérer à Clarisse L... qu'elle n'aura plus d'attaques et celles-ci sont de plus en plus rares. Lorsque nous la trouvons contracturée, une simple suggestions suffit pour faire disparaître cette tension neuro-musculaire.

En mars une attaque légère.

En avril une contracture et quelques moments de sommeil provoqué par la fixation du regard sur une bague.

Dès son admission à Saint-Yon, Clarisse L..., dont l'impressionnabilité est excessive, est très facilement hypnotisable. Lui suggère-t-on de dormir, elle lutte un instant, mais ses yeux se ferment malgré sa résistance et elle s'endort.

Tous les procédés réussissent pour l'hypnotiser. On y parvient par l'occlusion des yeux avec ou sans pression des globes oculaires; par le regard; à l'aide d'un objet brillant placé devant les yeux; le tic-tac d'une montre appuyée ou simplement approchée d'une oreille, la plonge instantanément dans le sommeil léthargique. L'application du doigt sur l'un des points hystérogènes que la malade désigne sous le nom de *points de sommeil*, suffit pour l'hypnotiser au même instant. On l'endort par persuation; elle s'hypnotise en se regardant dans une glace; en se passant elle-même la main devant les yeux, ou lorsque, par hasard, ses yeux rencontrent un objet brillant, le soleil ou même

10

la lune. C'est à la suite de ces hypnotisations par surprise qu'elle a été trouvée endormie près de son lit, dans l'ouvroir, au milieu de ses occupations habituelles, pendant ses promenades dans les préaux ou les jardins.

Aujourd'hui que Clarisse L... est en pleine convalescence, elle nous raconte que dès le début de sa maladie, elle avait à l'extrémité unguéale de l'annulaire gauche un point très sensible et très douloureux qu'elle ne pouvait ni toucher ni heurter sans éprouver des sensations étranges; constrictions à la gorge, anxiété précordiale, douleur ovarique à gauche suivies de perte de connaissance. Lorsqu'elle reprenait conscience elle ne ressentait plus aucune souffrance et avait perdu le souvenir de la crise, parfois très violente, qu'elle venait d'avoir.

Ce point hystérogène de l'annulaire gauche n'est pas resté longtemps le seul, plusieurs autres ont bientôt apparu et il y a quelques mois Clarisse L... nous en signalait jusqu'à vingt-trois dont elle désignait les uns sous le nom de *points d'attaques* ou *de contractures* et les autres sous le nom de *points de sommeil*. De plus elle avait un point particulier qui, lorsqu'elle le touchait lui paralysait les mouvements de la langue et la rendait aphasique.

Les *points d'attaques* ou *de contractures* étaient disséminés un peu partout : aux poignets, aux bras, derrière l'oreille gauche, au-dessus des seins, aux mollets, aux talons, etc. Il suffisait d'appliquer le doigt sur l'un de ces points pour ramener la constriction à la gorge, la douleur ovarique et souvent une crise d'hydro-épilepsie ou de catalepsie.

Les trois *points de sommeil* étaient situés : l'un au milieu du front, l'autre sur le haut de la tête (vertex), le troisième au niveau du sommet de l'occipital. La plus légère compression sur l'un de ces points faisait tomber la malade en léthargie mais ne déterminait pas d'attaques.

Enfin, un dernier point situé presque au centre du pariétal gauche, provoquait une aphasie subite. Lorsque, par inadvertance la malade en se coiffant tiraillait un peu brusquement les cheveux implantés au niveau de ce point hystérogène, l'élocution

des mots devenait impossible pendant un temps variable et jusqu'au moment où on lui suggérait qu'elle pouvait parler.

Cet état névropathique si accentué amenait à tout instant des
troubles divers, attaques, contractures, anesthésies, hyperes-
thésies, léthargie, catalepsie et somnambulisme.

Dans les premiers temps de son séjour à Saint-Yon, les crises
résistaient au sommeil nerveux, mais après quelques mois de
traitement, l'hypnose amenait la cessation de toute attaque.

Notre malade devenant de plus en plus impressionnable,
nous avons essayé de lui suggérer, même pendant la période la
plus critique de sa maladie, qu'elle n'aurait pas d'attaques pendant un laps de temps limité. Nos efforts ne furent pas, au début
toujours couronnés de succès. Des attaques se reproduisirent
parfois avant le jour fixé. Plus tard, nous avons été plus heu-
reux et les crises ne se renouvelaient plus qu'après l'expiration
du délai déterminé.

Dans le courant de février, nous avions suggéré à Clarisse L...
qu'à l'aide d'une petite baguette (un crayon rouge), nous pouvions empêcher les crises, enlever comme par enchantement
tous les points douloureux, les points de sommeil, les points
d'attaques, etc., qu'il nous suffisait de faire glisser au-devant du
point la *baguette magique* en disant : « voilà le point disparu, il
ne reviendra plus » pour que ces points hystérogènes ne fussent
plus sensibles pendant un ou plusieurs jours. Aussi, chaque fois
que Clarisse en ressentait un, elle nous attendait avec une vive
impatience, venait nous trouver, nous priant de l'en débarrasser.
Ce que nous faisions toujours avec un plein succès.

Un jour, quelqu'un vint ébranler sa foi en lui suggérant que
nous nous amusions d'elle. que ses attaques reviendraient, et
que sous peu elle aurait de nouvelles crises. Clarisse L... devient
triste, préoccupée, elle doute. Notre action sur elle est sensible-
ment diminuée sans que nous sachions pourquoi, car elle ne
voulut rien nous dire. Bientôt après survint une dernière attaque.

Supposant, et non sans raisons, que notre jeune malade si
suggestible se laissait hypnotiser par d'autres et surtout par l'une
de ses amies, hystéro-épileptique comme elle, nous lui défendîmes

de la voir. Je lui suggérai que son amie avait quitté l'asile, qu'elle ne la verrait plus, que personne ne parviendrait plus à l'hypnotiser, que nul ne pourrait ni l'endormir, ni provoquer des attaques, ni lui suggérer quoi que soit. Je limitai cette suggestion à huit jours en lui recommandant de venir me trouver à l'expiration du délai fixé. C'est ce qu'elle fit. Renouvelant alors les mêmes suggestions j'en fixai la durée à quioze jours, puis à trois semaines. Cette dernière période venait de finir lorsque subitement Clarisse tombe en léthargie en fixant un objet brillant. Réveillée aussitôt elle se remet à son travail. Involontairement son regard rencontre le même objet, elle s'endort de nouveau. Réveillée comme la première fois, on lui donne l'assurance qu'elle peut fixer tout sans crainte de s'endormir jusqu'au moment où elle nous reverra. Elle se rassure et ne s'endort plus. Je vois ma malade peu d'instants après et je lui dis avec autorité qu'à l'avenir elle n'éprouvera plus aucun trouble nerveux ; qu'elle ne sera plus apte à recevoir une suggestion quelle qu'elle soit. Quatre mois se sont passés depuis lors, la malade est restée livrée à elle-même et rien n'est venu jusqu'ici troubler une existence absolument calme.

Clarisse L... était irrégulièrement menstruée. Doit-on attribuer à des suggestions le fonctionnement normal des règles depuis l'époque où nous lui avons suggéré qu'elles reviendraient à date fixe, ce qui a eu lieu ? D'autre part, devons-nous admettre que c'est à une suggestion que nous pouvons attribuer la disparition d'une constipation habituelle ? Je me borne simplement à signaler le fait. Averti par Clarisse que souvent elle passait huit jours sans évacuation, je lui remis un paquet de bonbons, lui recommandant de n'en prendre qu'un tous les jours au matin, parce qu'ils étaient purgatifs. Je lui suggérai que l'usage de ce bonbon provoquerait journellement une selle. Elle a obéi et pendant tout le temps qu'elle a pris ce purgatif imaginaire, la constipation a cessé.

Aujourd'hui, Clarisse L... est dans son état normal ; elle est intelligente, laborieuse, se rend utile. Elle est heureuse de voir que tous les phénomènes nerveux qui, depuis deux ans environ, la tenaient éloignée de sa famille, ont disparu. Elle a appris par les uns et les autres qu'elle s'endormait, qu'on l'hypnotisait, mais n'a conservé aucun souvenir ni de ses attaques, ni de ses heures de sommeil. Elle a la mémoire fidèle de tout ce qui s'est passé en dehors de ses moments de crise. Son existence normale, sa vie prime, lui appartient tout entière, sa vie seconde lui échappe complètement.

Il est à remarquer qu'à aucune époque, Clarisse n'a manifesté de délire en dehors de ses attaques et de l'état somnambulique dans lequel elle restait plongée immédiatement après. Dans l'intervalle de ses crises, et surtout lorsque celles-ci se succédaient à de courts intervalles, notre malade avait quelques hallucinations terrifiantes ; elle était anxieuse, inquiète, se détournait avec horreur de ce qu'elle voyait devant elle, cherchait à fuir ou se cachait les yeux dans les mains ; revenue dans son état normal, elle manifestait une réelle surprise lorsque nous lui demandions la cause de ses terreurs et nous répondait invariablement et en souriant : « *Mais je n'ai pas peur, je ne sais ce que vous voulez me dire.* »

Nous ne nions pas que notre malade eût pu guérir sans le secours des suggestions, mais nous ne sommes pas moins convaincu que si nous n'étions pas intervenu pour lui persuader qu'à l'avenir personne n'aurait plus d'action sur elle, elle se serait laissée hypnotiser par sa camarade qui, jalouse de voir qu'elle s'améliorait progressivement, faisait tous ses efforts pour lui imposer de nouvelles attaques et lui provoquer des contractures.

Nous espérons rendre bientôt Clarisse L... à la vie commune.

Cette observation a beaucoup d'analogie avec la précédente. Les deux sujets étaient aussi hypnotisables l'un que l'autre, et nous avons pu reproduire chez toutes deux les mêmes expériences. Nous avons jugé inutile de les répéter ici.

Nous terminerons ici notre rapport statistique et médical. Beaucoup d'autres observations ont été recueillies dans le service, mais elles sont destinées à un travail d'ensemble que nous nous proposons de compléter ultérieurement.

Rouen. — Imprimerie de Mme Léon Deshays, rue des Carmes, 58.

www.ingramcontent.com/pod-product-compliance
Lightning Source LLC
Chambersburg PA
CBHW071859200326
41519CB00016B/4461